L'AVENTURIÈRE

COMÉDIE

Représentée pour la première fois en cinq actes à la Comédie-Française
le 23 mars 1848.

Reprise en quatre actes au même théâtre le 10 avril 1860.

CHEZ LES MÊMES ÉDITEURS

OEUVRES COMPLÈTES

DE

ÉMILE AUGIER

FORMAT GRAND IN-18.

PARIS. — IMPRIMERIE DE J. CLAYE, RUE SAINT-BENOIT, 7.

L'AVENTURIÈRE

COMÉDIE

EN QUATRE ACTES EN VERS

PAR

ÉMILE AUGIER

PARIS

MICHEL LÉVY FRÈRES, ÉDITEURS

RUE VIVIENNE, 2 BIS

1860

Tous droits réservés

AVERTISSEMENT

Voilà trois ans que j'ai fait, pour ma satisfaction personnelle, le travail que je livre aujourd'hui au public.

C'est une tentative presque sans précédent dans l'histoire des lettres, que la refonte, après dix ans, d'un ouvrage qui avait réussi à son apparition. Inutile de dire que je ne me suis pas imposé de léger cette tâche de patience ; c'est après avoir attentivement étudié le fort et le faible de la pièce, après m'être bien convaincu, qu'elle péchait foncièrement par certaines inexpériences faciles à réparer, que j'ai entrepris, non pas d'en faire un chef-d'œuvre, mais de la mettre sur ses pieds. Après quoi j'ai serré le tout au fond d'un tiroir,

attendant le moment d'éprouver par la représen-
tation si je m'étais ou non trompé. Le moment est
venu, et le public semble m'avoir donné raison.
Je souhaite que le lecteur ne casse pas l'arrêt du
spectateur.

Si on m'objecte que l'ouvrage ne valait pas la
peine que je me suis donnée, je répondrai tout simplement que j'avais une prédilection pour cette
œuvre de jeunesse et que j'étais de loisir.

Ém. AUGIER.

2 Mai 1860.

PERSONNAGES

MONTE-PRADE.	MM. BEAUVALLET.
FABRICE, son fils.	GEFFROY.
DON ANNIBAL.	RÉGNIER.
HORACE, fils de Dario.	MÉTRÊME.
DARIO, son frère.	BARRÉ.
DONA CLORINDE.	Mme ARNOULD-PLESSY.
CÉLIE, fille de Monte-Prade.	Mlle FAVART.

La scène est à Padoue, en 15..

L'AVENTURIÈRE

ACTE PREMIER

Le théâtre représente une salle dans la maison de Monte-Prade.

SCÈNE PREMIÈRE

DARIO, UN VALET, puis MONTE-PRADE.

DARIO, au valet.

Avertissez mon frère... Ah! le voici.

Le valet sort. A Monte-Prade qui entre par la gauche.

Bonjour.

MONTE-PRADE.

Quelle surprise! vous, mon frère, de retour?

DARIO.

Oui, j'arrive à l'instant et j'en apprends de belles,
Monsieur mon frère aîné.

MONTE-PRADE.

Vous savez les nouvelles?

DARIO.

Oui certes, je les sais.

MONTE-PRADE.

J'en suis fort satisfait.

1

DARIO.

Et moi, j'en suis... comment dirai-je? stupéfait!
Je ne m'attendais pas à cela, je l'avoue!
Vous vous êtes rendu la fable de Padoue...

MONTE-PRADE.

Prenez-le sur un ton qui soit plus de mon goût,
Si vous voulez pousser l'entretien jusqu'au bout.
Nous sommes tous les deux un peu vifs, mon cher frère;
Ne débutons donc pas par nous mettre en colère.
Certes, je montre assez quel cas je fais de vous
En vous laissant toucher, même d'un ton fort doux,
Un sujet délicat interdit à tout autre;
Mais soyez raisonnable et mettez-y du vôtre;
Payez-moi de retour en ne me disant rien
Qui m'oblige aussitôt à clore l'entretien.

DARIO.

C'est bientôt dit; mais moi, morbleu! cela m'irrite
Qu'un homme comme vous, d'honneur et de mérite,
Éprouvé par la guerre et par l'âge averti,
Se laisse prendre au piége ainsi qu'un apprenti.
Mais pour vous aveugler de si belle manière
Quel charme vous a donc jeté cette sorcière?

MONTE-PRADE.

Dites enchanteresse et vous aurez bien dit.
Aux mensonges des sots donnez moins de crédit;
Ce que vous m'accordez ici d'expérience
Entre eux et moi vous doit mettre au moins en balance.
L'histoire de Clorinde est courte; la voici...
Et je n'avance rien que je n'aie éclairci:
J'ai vu tous ses papiers de famille. — Son père,

Hidalgo de Burgos, mourut dans la misère ;
Alors don Annibal, c'est son frère...

MONTE-PRADE.

DARIO.

Oui, je sais.
Je viens de l'entrevoir, sa mine en dit assez !
Il a l'air...

MONTE-PRADE.

Il a l'air d'un soldat de fortune,
D'un soudard, si le mot sert mieux votre rancune ;
Mais est-ce le premier hidalgo que les camps
Aient déshabitué des maintiens élégants ?
J'en ai connu beaucoup de ces hommes d'épée
A mine de pillage et de franche lippée,
Qui faisaient bon marché de tout, hors de l'honneur,
Plus fermes sur ce point, certes, que maint seigneur :
Pár exemple Annibal... ne haussez pas l'épaule !
Il faut voir comme il prend au sérieux son rôle
De frère ; quel respect il a pour cette sœur
Dont il est devenu l'unique défenseur ;
Et de quel air piteux tout à la fois et rogue
Il se tait devant elle, attentif comme un dogue
Que l'enfant de son maître a pris pour oreiller
Et qui n'ose souffler de peur de l'éveiller.

DARIO.

Comment est-il ici ce petit saint en niche ?

MONTE-PRADE.

Il allait demander du service à l'Autriche,
Et conduisait sa sœur, comptant auparavant
La placer près de lui dans un pauvre couvent,
Jusqu'à la paix du moins. Il fut malade en route,

Ce qui mit son petit viatique en déroute ;
Et le défaut d'argent les retenait ici
Quand je les ai tous deux rencontrés, Dieu merci !
Vous voyez que l'histoire est simple.

DARIO.

Par le diable !
Un mensonge bien fait doit être vraisemblable,
Et pour duper les gens ce sont des maladroits
Qui mentent sans mesure et par-dessus les toits.

MONTE-PRADE.

Enfin vous avouez qu'il n'est rien d'impossible
Dans l'histoire que fait Clorinde?

DARIO.

Elle est plausible ;
Même je la croirais presque vraie au besoin.

MONTE-PRADE.

S'il est ainsi, pourquoi ne la croyez-vous point ?

DARIO.

Pourquoi ? Parce qu'elle est fausse d'un bout à l'autre.

MONTE-PRADE.

Par ma foi, mon esprit rend les armes au vôtre,
Je ne vous comprends plus.

DARIO.

Je parle de bon sens :
Tout cela serait vrai, dit par d'honnêtes gens ;
Par des fripons, c'est faux.

MONTE-PRADE.

Mais mordieu !... car j'enrage
De vous voir raisonner de la sorte à votre âge,
Où diable prenez-vous que ce soient des fripons?

DARIO.

Sur l'amour que la sœur feint pour vous, j'en réponds.

MONTE-PRADE.

Elle feint, dites-vous ?

DARIO.

Hélas, mon pauvre frère.
Vous croyez-vous vraiment encore fait pour plaire ?
Vos soixante ans passés ont-ils de tels appâts...

MONTE-PRADE.

J'ai soixante ans passés, je ne l'ignore pas ;
Mais comme j'ai vécu de ma vie économe,
J'ai l'âge d'un vieillard et le sang d'un jeune homme.
Les rides de mon front n'ont pas atteint mon cœur ;
Poudreux est le flacon, mais vive est la liqueur,
Et qu'il passe un rayon à travers la bouteille,
Elle redevient jeune aussitôt et vermeille.
Pour l'homme c'est l'amour, ce pur rayon qui rend
L'intérieur visible et le corps transparent.

DARIO.

L'admirable pathos chez un sexagénaire !

MONTE-PRADE.

Si vous n'y voyez rien, tant pis pour vous, mon frère.

DARIO.

Ainsi, c'est résolu : vos amis, vos parents,
Vous sacrifiez tout et jusqu'à vos enfants !

MONTE-PRADE.

Mes enfants, dites-vous ? Je n'ai plus qu'une fille ;
Mon fils est dès longtemps sorti de ma famille.
Le jour qu'il a voulu prendre sa liberté,
Il m'a rendu la mienne et s'est déshérité.

DARIO.

C'est votre sang pourtant et le devoir réclame...

MONTE-PRADE.

Oh! ne m'alléguez pas mon fils contre ma femme,
Car de son abandon mon hymen est le fruit,
Et je prétends par là me consoler de lui.

DARIO.

Mais votre fille, au moins? Elle vous idolâtre
Et n'a pas mérité d'avoir une marâtre.

MONTE-PRADE.

C'est une mère aussi que je vais lui donner;
Clorinde l'aime autant qu'il peut s'imaginer.

DARIO.

Je n'entreprendrai pas de vous faire comprendre
Quel compte on doit tenir d'une amitié si tendre;
Pour vous ouvrir les yeux j'ai dit ce que j'ai pu;
Puisque c'est en vain, tout entre nous est rompu.

MONTE-PRADE.

Notre vieille amitié?...

DARIO.

Parbleu, que vous importe!
Sur moi, sur vos enfants, une intruse l'emporte.

MONTE-PRADE.

Une intruse!

DARIO.

Je romps tout commerce avec vous.

MONTE-PRADE, sèchement.

Comme vous l'entendrez.

DARIO.

Je romps l'espoir si doux

Du lien qui devait resserrer la famille :
Mon fils ne sera pas l'époux de votre fille.

MONTE-PRADE.

Mais ces pauvres enfants vont être désolés !
Laissons-les être heureux malgré nos démêlés.

DARIO.

Non morbleu ! Quelque amour qu'il ait pour sa cousine,
Mon fils ne sera pas gendre d'une coquine.

MONTE-PRADE.

Soit. Ma fille n'est pas en peine de partis,
Et j'en trouverai cent qui vaudront votre fils.

DARIO.

Je le souhaite, hélas ! plus que je ne l'espère,
Car je ne sache pas d'honnête homme et bon père
Qui souffre que son fils entre en une maison
Dont le chef s'est si fort égaré de raison,
Où l'honneur est aux mains d'une femme tarée,
Où tout déréglement a par elle une entrée,
Où les enfants n'auraient enfin devant les yeux,
Pour y dresser leurs mœurs, qu'exemples vicieux.

MONTE-PRADE.

Avez-vous dit, monsieur ?

DARIO.

J'ai dit.

MONTE-PRADE.

Voici la porte,
Et ne revenez pas sans une bonne escorte;
Car je vous en préviens et vous en fais serment,
Vous ne sortiriez pas aussi commodément.

DARIO.

Il suffit.

MONTE-PRADE.

Dites bien à toute la cabale
Que son opinion m'est tout à fait égale ;
Que je suis enchanté de voir mes bons amis
Se démasquer si vite, à l'épreuve soumis ;
Que leur déchaînement ne sert en cette affaire
Qu'à me rendre Clorinde encor cent fois plus chère ;
Mais que je couperai la figure au premier
Que je prends sur le fait de la calomnier.

DARIO.

Vous aurez fort à faire. Adieu, je me retire.

MONTE-PRADE.

Bonsoir.

Dario **sort.**

SCÈNE II.

MONTE-PRADE, seul.

Donc contre moi tout le monde conspire !
C'est fort bien. L'abandon de ce vieux sermonneur
Complète le désert autour de mon bonheur.
Tant mieux ! Ce qui manquait à ma béatitude,
O mes chers envieux, c'était la solitude.
Ah ! vous vous figuriez, podagres aux cœurs froids
Entre Clorinde et vous embarrasser mon choix !
Vous me jugiez par vous, pauvres âmes gelées,
D'où les illusions sont toutes envolées,
Et qui n'avez pas su dans un coin encor vert

Dérober une seule hirondelle à l'hiver !
Je vous plains, bonnes gens, de ne pas le connaître,
Ce charme du dernier amour qui me pénètre
Et me rend un reflet doré de mes vingt ans.
O mon dernier beau jour, plus beau que le printemps,
Est-ce trop acheter ta présence céleste
Qu'abandonner pour toi ma part de tout le reste ?

SCÈNE III.

CÉLIE, MONTE-PRADE, HORACE.

CÉLIE, à Horace dans le fond.

Tâchons de l'attendrir ; tombons à ses genoux.

Ils s'agenouillent à droite et à gauche de Monte-Prade.

Ah! mon père !

HORACE.

Ah! mon oncle!

MONTE-PRADE.

Eh bien, que voulez-vous ?

HORACE.

Je viens de rencontrer mon père dans la rue...

MONTE-PRADE.

Ah ! fort bien. La cabale a fait une recrue !
Vous venez tous les deux me livrer votre assaut.

HORACE.

Ayez pitié...

MONTE-PRADE.

Tais-toi. Me prends-tu pour un sot ?
Mon frère, ayant sur moi faussé toutes ses armes,

1.

Comme dernier recours me députe vos larmes;
Mais sincères ou non, coulant pour m'ébranler,
Morbleu! je les renvoie à qui les fait couler.

HORACE.

Serez-vous si cruel que...

MONTE-PRADE.

           Point de verbiage.
Est-ce moi qui m'oppose à votre mariage?
C'est mon frère, et je trouve assez exaspérant
Qu'il me donne envers vous le rôle du tyran.
C'est à lui, non à moi qu'il faut demander grâce.

HORACE.

Mais il a des motifs...

MONTE-PRADE.

           Tout beau, monsieur Horace!
Je ne vous permets pas de toucher ce sujet.
— Tes visites étant désormais sans objet,
Prends congé de Célie.

HORACE.

           Eh quoi donc, tout de suite?

MONTE-PRADE.

Ton père par la sienne a dicté ma conduite,
Et tant que le brutal n'entendra pas raison,
Tu ne remettras pas les pieds dans ma maison.
Allons, fais tes adieux.

HORACE.

           Adieu, chère Célie...

CÉLIE.

Mes jours s'achèveront dans la mélancolie.

HORACE.

Et moi, loin de tes yeux, je n'ai plus qu'à mourir !

Monte-Prade sort brusquement.

SCÈNE IV.

CÉLIE, HORACE.

CÉLIE.

Il ne nous laisse pas le temps de l'attendrir,
Preuve qu'en son projet il est inébranlable.

HORACE.

Mon père d'autre part n'est pas très-pitoyable.

CÉLIE.

Qu'allons-nous devenir entre ces entêtés?
Hélas! il faudra bien faire leurs volontés!

HORACE.

Si nous faisons les leurs, qui donc fera les nôtres ?
Le sage doit apprendre à se passer des autres,
Me dit souvent mon père, et je veux aujourd'hui
T'épouser sagement, en me passant de lui.

CÉLIE.

Horace, y penses-tu !

HORACE.

J'y pense!

CÉLIE.

Une révolte !

HORACE.

Après le mauvais grain la mauvaise récolte !

CÉLIE.

Il est homme à jamais ne te la pardonner !

HORACE.

Je suis homme à ne pas beaucoup m'en chagriner.

CÉLIE.

C'est parler méchamment.

HORACE.

                C'est parler, ma Célie,
En homme que l'amour de tout lien délie ;
Père, patrie, amis ne sont de rien pour moi,
Et je peux me passer de tout, hormis de toi.

CÉLIE.

Mais pour nous marier tout seuls, avons-nous l'âge

HORACE.

C'est vrai, diable !

CÉLIE.

               On ferait casser le mariage.

HORACE, à part.

Les morceaux en sont bons.

CÉLIE.

               Quoi, vous riez, monsieur !

HORACE.

Là, ne te fâche pas, je ris à contre-cœur.
Mais sérieusement, que résoudre, que faire,
A moins de secouer l'autorité d'un père ?

CÉLIE.

A tout événement, Horace, jurons-nous
De nous aimer toujours.

HORACE.

           Je le jure à genoux !

CÉLIE.

Et de ne pas souffrir qu'un ordre plus barbare
Par un autre hyménée à jamais nous sépare.

HORACE.

Jurons! et qu'un baiser cimente le serment!

CÉLIE, s'échappant.

Ma parole n'a pas besoin de ce ciment!

HORACE, la poursuivant.

Un baiser, ma Célie, et sans faire la moue.

CÉLIE, s'arrêtant.

Ne te suffit-il pas de mon cœur sans ma joue?

HORACE.

Et toi, crois-tu beaucoup illustrer ta rigueur
De refuser ta joue ayant donné ton cœur?

Il l'embrasse.

SCÈNE V.

LES MÊMES, FABRICE.

FABRICE.

Grand bien vous fasse, ami. Le seigneur Monte-Prade?

HORACE.

Mon oncle...

FABRICE.

C'est votre oncle? Alors, mon camarade,
N'es-tu pas le petit Horace?

HORACE.

C'est mon nom;
Et toi, mon cher ami, comment t'appelle-t-on?

FABRICE.

Tu ne me connais pas?

HORACE.

Non, le diable m'emporte.

FABRICE.

Quoi! dix ans ont-ils pu me changer de la sorte?
C'est de ma longue absence un reproche cruel
Qu'il faille me nommer sur le seuil paternel!
Je suis Fabrice.

CÉLIE.

Dieu!

HORACE., lui tendant la main

Reçois la bienvenue.

— Voici ta sœur.

FABRICE.

Ma sœur?

CÉLIE, à Horace.

Qu'il n'a pas reconnue!

FABRICE.

Ah! c'est que dans mon cœur tu n'avais pas grandi,
Et je n'y rapportais qu'un enfant étourdi!
Comme te voilà grande et timide et jolie!
Mais as-tu peur de moi? Dans mes bras, ma Célie!

CÉLIE, timidement après l'avoir embrassé.

Notre père est sorti.

FABRICE.

Tiens, je n'y pensais plus!
Il est sorti? Tant mieux, c'est qu'il n'est pas perclus.
Je le craignais bien vieux, bien vieux, mon pauvre père.

HORACE.

Il n'a jamais été plus gaillard, au contraire.
Il gagne un an de moins tous les jours.

FABRICE.

Dieu merci!

Me voilà déchargé de mon plus grand souci!
Je m'accusais déjà de sa décrépitude
Comme d'un fruit amer de mon ingratitude.
Aussi comme je vais lui demander pardon
De mon libertinage et de mon abandon!
A-t-il toujours son air vénérable et sévère?

CÉLIE.

Il rentrera bientôt; vous le verrez, mon frère.

FABRICE.

Eh bien! en l'attendant, parle-moi, chère sœur,
Car j'avais de ta voix oublié la douceur.

CÉLIE.

Aussi, méchant, pourquoi faire une telle absence?

FABRICE.

Longue absence, en effet! Ces lieux de mon enfance
Doivent être étonnés du triste voyageur
Qui les avait quittés si jeune et plein d'ardeur!
Qu'ils ont de souvenirs pour moi! Tiens, cette glace!...

Il s'en approche; après un silence :

Valentine était là, ma Célie, à ta place;
Je lui tournais le dos, feignant de ne rien voir;
Mais je la regardais, tremblant, dans ce miroir,
Car son bouquet cachait une timide lettre
Qu'elle lut et jeta gaîment par la fenêtre.
Tu les a vus alors par les larmes battus,
O miroir! ces yeux creux et qui ne pleurent plus!

CÉLIE.

Les voilà cependant qui de pleurs se remplissent.

FABRICE, s'asseyant.

Ah! que ces souvenirs sont loin et me vieillissent !
Que reste-t-il en moi du jeune homme d'alors?
Je suis encor plus vieux au dedans qu'au dehors !
As-tu vu quelquefois la carcasse noircie
D'un beau feu d'artifice éteint par une pluie?
Je ressemble beaucoup à ce piteux objet.

CÉLIE.

Vous nous raconterez ce que vous avez fait?

FABRICE.

Non, diable ! ce n'est pas matière à bréviaire !
J'ai fait un peu de tout, hors de ce qu'il faut faire ;
J'ai perdu dans mon cours de vie aventureux
Beaucoup d'illusions, encor plus de cheveux,
Et de cette bagarre en hâte je me sauve,
Heureux de n'en sortir qu'à moitié triste et chauve !

CÉLIE.

Vous restez avec nous ?

FABRICE.

                    Pour toujours, car je voi
Que le bonheur était entre mon père et toi.
J'ai sottement gâché ma vie à le poursuivre,
Mais je la recommence en te regardant vivre ;
J'ai fatigué mon cœur à tous les carrefours,
Je veux le reposer en aimant tes amours,
Et vieillirai gaîment pourvu que je te voie,
Jeune de ta jeunesse, et joyeux de ta joie !

Tu me laisseras bien rôder dans ta maison
Comme un vieux serviteur inutile, mais bon?

CÉLIE.

Ne parlez pas ainsi, cher frère, je vous aime.

HORACE.

Mais pourquoi renoncer à vivre pour toi-même?

FABRICE.

Je n'en vaux plus la peine, et d'ailleurs c'est trop tard.

HORACE.

Il faut te marier !

FABRICE.

Je suis las du hasard.
En outre, je ferais un mari détestable,
Un père médiocre et peu recommandable;
Tandis que je pourrai, si ma sœur y consent,
Fournir à mes neveux un oncle fort décent.
— A propos de neveux, parbleu ! je me rappelle
Qu'en entrant je n'ai pas dérangé de querelle,
Ou bien vous en étiez au raccommodement.
A quand le mariage?

HORACE.

A quand?

CÉLIE,

Hélas !

FABRICE.

Comment?

Notre amour serait-il traversé?

HORACE.

Par mon père !

FABRICE.

Il refuse pour bru la fille de son frère ?
La trouve-t-il trop pauvre ou de sang roturier ?

HORACE.

Non, mais mon oncle est près de se remarier.

FABRICE.

Mon père ?

HORACE.

Lui-même, oui.

FABRICE.

— Quelle plaisanterie !

CÉLIE.

Hélas ! rien n'est plus vrai !

FABRICE.

Mon père se marie !
— Il ne va pas, j'espère, épouser un tendron ?

HORACE.

Sa femme peut avoir vingt-cinq ans environ.

FABRICE.

C'est une veuve ?

CÉLIE.

Non.

FABRICE.

Peste ! Une demoiselle ?

HORACE.

Encor moins !

FABRICE.

Et quoi donc alors ?

HORACE.

Une donzelle !

Elle vient de Madrid avec un spadassin
Qui lui sert à son choix de frère ou de cousin.
Il se donne le *don* et fait le gentilhomme.
Ils ont tous deux si bien travaillé le bonhomme,
Si bien circonvenu, si bien entortillé,
Qu'avec tous ses amis pour eux il s'est brouillé.
Mon père furieux me refuse Célie,
Tant que le sien sera coiffé de sa folie,
Et celui-ci piqué me bannit de ces lieux.

CÉLIE.

Ce que vous avez vu n'était que des adieux.

FABRICE.

Ah ! mille millions de diables à mes trousses !
Moi qui venais chercher des émotions douces,
L'édification, la règle, le repos,
Certe, il faut convenir que j'arrive à propos !
Il est beau le foyer paternel, et ce temple
Que je me figurais est d'un touchant exemple !
Pourquoi suis-je venu, morbleu !

CÉLIE.

Pour nous sauver :

Vous seul de ce malheur pouvez nous préserver.
Vous êtes maintenant le chef de la famille.

FABRICE.

Ah ! ce mot me rappelle ! Oui, te voilà ma fille !
Le ciel, que j'accusais, surpasse mon espoir :
Je ne cherchais que l'ordre et trouve le devoir !
Allons, voilà qui vaut la peine que l'on vive !

D'ailleurs, c'est moi l'auteur de ce qui nous arrive :
J'ai laissé le champ libre aux intrus. Mais, morbleu !
Me voilà de retour, nous allons voir beau jeu.
Donzelle et spadassin ? Bon ! d'estoc et de taille !
J'ai beaucoup fréquenté parmi cette canaille,
Et je rachèterai mes désordres anciens,
En mettant leurs leçons au service des miens.

HORACE.

Mon oncle t'aime au fond ; il suffit qu'il te voie
Pour que son cœur se fonde en paternelle joie ;
Profitons du moment pour frapper les grands coups ;
Pendant qu'il est ému, tombons à ses genoux...
J'y suis déjà tombé tout à l'heure, n'importe !
Montrons-lui quel désordre ici Clorinde apporte,
Que sa famille en souffre et que lui-même y perd
Le bonheur du seul rôle à la vieillesse offert ;
Ajoutons le tableau, si j'épouse Célie,
D'adorables marmots barbouillés de bouillie
Qui lui tirent la barbe en bégayant son nom,
Et parbleu ! la Clorinde est perdue !

FABRICE.

Hélas, non.
Avec tous ses amis, s'il s'est brouillé pour elle,
Voudra-t-il écouter la voix d'un fils rebelle ?
Contre ces passions, d'ailleurs, rien n'est puissant,
Ni liens d'amitié, ni même ceux du sang !
L'amour chez les vieillards a d'étranges racines,
Et trouve, comme un lierre aux fentes des ruines,
Dans ces cœurs ravagés par le temps et les maux
Cent brèches où pousser ses tenaces rameaux.

HORACE.

A ce compte, je vois peu de chances qu'il rompe.

FABRICE.

La seule est de prouver au vieillard qu'on le trompe,
Qu'on n'a d'amour pour lui qu'à cause de son bien ;
Mais ce n'est pas facile, à ne vous cacher rien.

HORACE.

La drôlesse est habile et sait bien se conduire.

FABRICE.

L'important est d'abord ici de m'introduire,
Afin d'étudier notre intrigante à fond.

HORACE.

Pourquoi ne pas venir simplement sous ton nom ?

FABRICE.

Parce que, si je viens sous mon nom, la gaillarde,
Voyant mon intérêt, va se tenir en garde.

HORACE.

Rien de plus simple : prends le premier nom venu.

FABRICE.

Et de mon père alors si je suis reconnu ?

HORACE.

Bon ! Pour te déguiser n'as-tu pas de recette ?

CÉLIE.

Notre père n'a plus la visière bien nette.

HORACE.

Il ne reconnaît plus personne à quatre pas.

FABRICE.

A la bonne heure ; mais il reste un embarras :
Comment me faire admettre à moins d'être Fabrice ?

HORACE.

Ah! c'est juste! — Il faudrait trouver un artifice...

FABRICE.

Si je me présentais au nom...?

HORACE.

Oui, c'est cela.

FABRICE.

Au nom de qui, nigaud?

HORACE.

Ah! de qui?...

FABRICE.

M'y voilà!

J'ai notre affaire; viens qu'ici l'on ne me voie.
Je t'expliquerai tout. — Enfants, soyez en joie!

Ils sortent tous deux par la porte du fond, Célie par celle de gauche.

FIN DU PREMIER ACTE.

ACTE DEUXIÈME

SCÈNE PREMIÈRE

DON ANNIBAL, DONA CLORINDE.

Ils entrent par la porte du fond.

CLORINDE.

Personne. — Il est allé chez quelque ami, sans doute.

ANNIBAL.

Il n'en a plus.

CLORINDE.

Qui sait?

ANNIBAL.

Il promène sa goutte,
Voilà tout; il n'est là rien de bien alarmant.

CLORINDE.

Que veux-tu? J'ai dans l'âme un noir pressentiment.
Toi qui ne crois à rien, tu diras que c'est bête,
Mais ce miroir cassé me trotte par la tête.

ANNIBAL.

Laisse-moi donc tranquille, avec ton sot miroir !
Que veux-tu qu'il arrive?

CLORINDE.

Est-ce qu'on peut savoir?
Il suffit d'un hasard pour nous faire connaître.

ANNIBAL.

Il faut que ce hasard entre par la fenêtre,
Car nous avons fermé la porte à tout venant.

CLORINDE.

Peux-tu d'un tel sujet parler en badinant?

ANNIBAL.

Moi? Je tiens plus que toi, ma sœur, à ton douaire.

CLORINDE.

Ne seras-tu jamais qu'un intrigant vulgaire?
Ne peux-tu te hausser à d'autre ambition
Qu'à celle de gagner un méchant million ?

ANNIBAL.

Tout doux ! les millions sont de bonnes personnes
Qui ne méritent pas le nom que tu leur donnes,
Et l'on n'en cite pas un seul, je dis pas un,
Qui d'aucune façon ait fait tort à quelqu'un.
Mais, toi-même, malgré ton mépris magnanime,
Tu ne leur peux, au fond, refuser ton estime,
Et c'est leur témoigner, je crois, assez d'égard
Que consentir pour eux à l'hymen d'un vieillard !

CLORINDE.

Tais-toi, tu n'es qu'un sot. Verrai-je mes pensées
Par ce petit esprit toujours rapetissées ?
L'argent, pauvre cervelle ! Eh ! que me fait l'argent ?
Je l'ai toujours traité d'un dédain négligent,
Et j'y tiens aujourd'hui moins que jamais !

ANNIBAL.

                                   La peste !

CLORINDE.

Tout ce qu'il peut donner, j'en ai joui de reste.

Les prodigalités, le luxe, le plaisir,
Ont lassé mon caprice et vaincu mon désir :
J'ai connu, tour à tour mendiante et duchesse,
La dernière misère et l'extrême richesse ;
Et j'ai de toutes deux abusé tellement
Qu'en ce genre pour moi rien n'a d'étonnement!

ANNIBAL.

Tiens!

CLORINDE.

J'ai goûté de tout, et cette folle vie
N'a laissé qu'une chose en moi d'inassouvie.
Pour te rendre d'un mot mon sentiment plus clair,
Je ressemble au marin fatigué de la mer ;
Et comme il porte envie à la tranquille joie
Des rivages heureux que son vaisseau côtoie,
Ainsi je porte envie au monde régulier
Que mon orgueil encor n'a pu que côtoyer.
Je veux faire partie enfin de quelque chose,
Au lieu d'être un jouet dont le hasard dispose ;
Je veux m'initier à ce monde jaloux
Qui par son mépris seul communique avec nous;
Je veux mon rang parmi les femmes sérieuses...
Ces mères et ces sœurs pour nous mystérieuses,
Dont nous ne savons rien, pauvres filles, sinon
Le respect que font voir nos amants à leur nom!

ANNIBAL.

Laisse-moi quelque peu secouer les oreilles...
Je n'ai jamais ouï d'absurdités pareilles!...
Je tombe de mon haut! Depuis quand diable as-tu
Tant de vocation pour entrer en vertu ?

2

CLÔRINDE.

Ah! je n'ai jamais vu de femme mariée,
De bourgeoise en gants noirs que je n'aie enviée;
Car elle regardait mon luxe avec dédain,
Et c'est si bon d'oser mépriser son prochain;
D'avoir autour de soi des gens à qui l'on tienne
Et dont on ne soit pas traitée en bohémienne;
De ne plus vivre enfin hors le monde et la loi,
Et de se pavaner dans l'estime de soi!

ANNIBAL.

Tu vas donc te conduire en honnête personne?

CLORINDE.

Sans doute.

ANNIBAL.

Tout de bon?

CLORINDE.

Qu'est-ce là qui t'étonne?
Les galants, à ton gré, sont-ils si dangereux
Qu'on ne puisse aisément se défendre contre eux?
Je n'ai jamais aimé personne de ma vie!

ANNIBAL.

Je le sais, mais enfin il peut t'en prendre envie.

CLORINDE.

Impossible! L'amour demande un cœur dompté
Et se nourrit chez nous d'infériorité;
Or, moi, par un bonheur qui souvent me chagrine,
Je ne peux pas trouver d'homme qui me domine;
Les plus spirituels dans mes mains ont tourné
En idiots, en gens à mener par le nez;

Si bien qu'en vérité, parfois je me demande
Pourquoi c'est l'homme et non la femme qui commande,
Et d'où peut venir l'air de domination
Qu'affecte ce faux roi de la création.

ANNIBAL.

On voit bien que tu n'as jamais été battue :
Tu mépriserais moins l'homme, fière statue !

CLORINDE.

Peut-être vaut-il mieux n'avoir aimé jamais
Et que le ciel n'ait pas entendu mes souhaits.
L'amour est une guerre entre nous et les hommes
Où, dès qu'ils ne sont plus victimes, nous le sommes ;
Or, dans un tel combat, où tout coup vise au cœur,
Celui qui n'en a pas est toujours le vainqueur.
C'est ainsi que sans chaîne et sans entrave aucune,
Dans son cours merveilleux j'ai suivi ma fortune.

ANNIBAL.

Certes, je ne suis pas pour te le disputer.
Ton hymen a de quoi tous deux nous contenter ;
Car, à toi, s'il assure une belle retraite
Et le droit de jouer à la Madame... honnête,
Il me met à l'abri, moi qui veux mourir gras,
Des caprices du sort à l'heure des repas ;
Il m'assure de plus, outre la nourriture,
De quoi conter fleurette à quelque créature,
Et comme coqs en pâte, on nous verra tous deux,
Chacun à sa façon, parfaitement heureux.
Mais je l'achète cher, car jusqu'ici mon rôle
Est fatigant !

CLORINDE.

Comment ?

ANNIBAL.

Comment? Ce n'est pas drôle
De faire l'hidalgo fier et silencieux
De peur de rien lâcher qui révolte le vieux;
De ne pas m'écarter de toi d'une coudée
Pour te donner un air de fille bien gardée;
De froncer le sourcil en surveillant jaloux
Pour peu que l'impotent se mette à tes genoux !

CLORINDE.

Tout cela, mon ami, n'est pas très-agréable,
J'en conviens, mais...

ANNIBAL.

Dis donc que c'est insupportable !
Toujours faire la moue et sembler sur le gril !
Chaque entretien me laisse une crampe au sourcil !

CLORINDE.

Va, nous touchons au but...

ANNIBAL.

Ah !

CLORINDE.

Que ton zèle brille !

ANNIBAL.

On aura le maintien d'un portrait de famille.

CLORINDE.

Surtout, surveille-moi plus strictement encor !

ANNIBAL.

Si d'après le dragon l'on juge du trésor,
Ne crains rien.

CLORINDE.

Que ce jour ne me soit pas funeste,

Et, ce danger passé, je me charge du reste.
Le voici... Tiens-toi bien !

ANNIBAL.

Donnons du sourcil !

CLORINDE.

Chut !

SCÈNE II.

CLORINDE, ANNIBAL, MONTE-PRADE.

MONTE-PRADE, entrant.

Bonjour, bien chère enfant. Capitaine...

ANNIBAL, brusquement.

Salut.

CLORINDE.

Excusez ses façons.

MONTE-PRADE.

J'aime assez sa rudesse.

ANNIBAL.

L'habitude des camps !

CLORINDE, à Monte-Prade.

Je vois quelque tristesse
Dans vos yeux. Qu'avez-vous ?

MONTE-PRADE.

Moi ? Rien. Tout m'est égal,
Tout ce qui n'est pas vous.

CLORINDE.

Merci du madrigal...
Mais on ne trompe pas l'œil d'une femme aimante ;
Je le vois : quelque chose ou quelqu'un vous tourmente.

2.

MONTE-PRADE.

Je ne m'en souviens plus.

ANNIBAL, à part.

Bien, ma crampe dans l'œil.

CLORINDE.

Depuis que j'ai posé le pied sur votre seuil,
Seigneur, votre maison, aux censures en proie,
A vu fuir le repos, la louange et la joie.

MONTE-PRADE.

Qu'importe !

CLORINDE.

Tous les jours ce sont des coups nouveaux
Hélas! vous m'achetez plus cher que je ne vaux !
Croyez-moi, mon ami, cédez devant l'orage
Et quittez un amour qui veut trop de courage.

MONTE-PRADE.

Moi, reculer devant ces lâches radoteurs?
J'arracherai la langue aux calomniateurs!
Et quand vous passerez, je jure par mon père
Que je les ferai tous saluer jusqu'à terre!

CLORINDE.

Seigneur, il en est temps encor : réfléchissez.
Moi, je suis assez fière et je vous aime assez
Pour vous perdre plutôt que vous être fatale
Et fournir à l'envie un sujet de scandale.

MONTE-PRADE.

Aimez-moi donc assez pour en braver les traits,
Sans vous en soucier plus que je ne le fais.
Mais vous ne dites pas toute votre pensée :
C'est vous qui de la lutte êtes déjà lassée!

CLORINDE.

Moi ?

MONTE-PRADE.

C'est facile à moi, facile en vérité !
De préférer Clorinde à ma tranquillité :
Mais il est moins facile à la magicienne,
Hélas ! de préférer un vieillard à la sienne !
Vous m'apportez la vie et la joie et l'amour,
Tout enfin ! Que vous puis-je apporter en retour ?
Rien que le noble orgueil d'un dévoûment austère
Au bonheur d'un époux qui serait votre père !

CLORINDE.

Et n'est-ce point assez ? mon père, mon époux !
A force d'être grand mon rôle devient doux !
Quoi ! la pauvre orpheline a la toute-puissance
De donner le bonheur par sa seule présence ;
Entre ses mains sans force elle tient ce grand cœur
Qui de la lutte humaine était sorti vainqueur ;
Elle rend à son gré la jeunesse et la vie,
Et vous ne trouvez pas son sort digne d'envie ?

MONTE-PRADE.

A mon cœur altéré que vos discours sont frais !
Je ne les entends pas, je les bois à longs traits !
On croit facilement ce qu'on désire croire...
Je ne vis que par vous.

ANNIBAL, bas à Clorinde.

A-t-on parlé de boire,
Où si la soif me corne à l'oreille ?

CLORINDE.

Idiot !

ANNIBAL, à part.

Je boirais bien un coup !

SCÈNE III.

LES MÊMES, CÉLIE.

MONTE-PRADE.

Que veut Célie ?

CÉLIE.

Un mot,

Mon père : un étranger est là qui vous demande.

MONTE-PRADE.

Je n'y suis pas.

CÉLIE.

Il a des lettres...

MONTE-PRADE.

Qu'il attende !

CÉLIE.

De mon frère.

MONTE-PRADE.

Qu'il entre ! Il n'est plus étranger.

CLORINDE, à Annibal.

Le miroir tient parole et voici le danger !

ANNIBAL.

Ah ! superstitieuse !

MONTE-PRADE.

O jour deux fois propice !

Des lettres de mon fils, de mon pauvre Fabrice !

Il n'avait pas encore écrit... le cœur me bat !

Et je me figurais n'aimer plus cet ingrat !

SCÈNE IV.

ANNIBAL, CLORINDE à gauche du théâtre, MONTE-PRADE au milieu, FABRICE ET CÉLIE au fond. — Fabrice déguisé.

MONTE-PRADE.

Soyez le bienvenu, monsieur.

FABRICE, à part.

Mon pauvre père!

CÉLIE, à Monte-Prade qui recule stupéfait.

Qu'avez-vous donc?

MONTE-PRADE.

J'ai cru voir paraître ton frère!

FABRICE.

Il me l'avait prédit; car nous nous ressemblons,
N'était que ses cheveux sont noirs et les miens blonds,
Au point que le hasard de cette ressemblance
Fit de notre amitié la première accointance.

MONTE-PRADE.

Jusqu'à la voix.

FABRICE.

La sienne est plus douce, dit-on.

MONTE-PRADE.

Un peu... la différence est plutôt dans le ton.

FABRICE.

Il m'a chargé pour vous, monsieur, de cette lettre.

MONTE-PRADE.

Merci, monsieur, merci. Vous voulez bien permettre?

Il lit.

FABRICE, à part.

La sœur a l'air rusé; tout bien examiné,
C'est au frère qu'il faut tirer les vers du nez !

MONTE-PRADE, après avoir lu.

C'est tout ce qu'il m'écrit pour dix ans de silence?

FABRICE, à part.

Diable ! Je n'avais pas prévu tant d'indulgence.

MONTE-PRADE.

Dix lignes !

FABRICE, à part.

Dans le fait, je récrirai. (Haut.) Pardon,
J'ai pour vous un envoi plus ample.

MONTE-PRADE.

Donnez donc !

FABRICE.

C'est que... c'est que je l'ai laissé dans ma valise.

MONTE-PRADE.

Le nom de votre auberge?

FABRICE.

Au Grand-Cerf, près l'église.

MONTE-PRADE.

Vite, ma fille, envoie un valet la chercher,
Et dis que l'on prépare une chambre à coucher...

Célie sort.

Car vous n'habiterez de maison que la mienne,
Vous que mon fils m'adresse et veut que je retienne !
Pauvre enfant, j'aurai joie à m'en entretenir.

CLORINDE, bas à Annibal.

Voilà des entretiens qu'il nous faut prévenir.

MONTE-PRADE.

Il me parle en effet de cette ressemblance
Qui m'a moi-même mis un instant en balance.
« A force d'être pris pour frères, me dit-il,
« Nous le sommes enfin devenus. »

ANNIBAL.

                              Très-gentil !

MONTE-PRADE.

Vous étiez donc unis en frères ?

FABRICE.

                              Plus qu'en frères :
Il n'écoutait que moi sur toutes ses affaires.

MONTE-PRADE.

Vous étiez son mentor, monsieur Ulric ?

FABRICE.

                              Hélas !
Il goûtait mes conseils et ne les suivait pas.
Mais lorsqu'il se trouvait à bout d'extravagances,
Il regrettait cent fois mes sages remontrances,
Et cent fois me jurait qu'on ne l'y prendrait plus !
Inutiles regrets et serments surperflus !

MONTE-PRADE, à Fabrice.

Il a pris un état pour vivre, je suppose ?
Car le bien de sa mère était fort peu de chose.

FABRICE.

En moins d'une bouchée il l'eût, je crois, mangé,
Si les faveurs du jeu ne l'eussent allongé.

MONTE-PRADE.

J'aurais cru qu'il eût fait de plus vertes prouesses :
Heureux au jeu, dit-on...

FABRICE.

Malheureux en maîtresses ?

Il le fut : il en eut beaucoup. Il en eut tant
Qu'un jour il s'éveilla, n'ayant plus rien comptant
Que la cape et l'épée : il se mit au service
Et s'appelle aujourd'hui le colonel Fabrice.

MONTE-PRADE.

Colonel ?

FABRICE.

Il a fait son chemin en cinq ans.

ANNIBAL.

Sacrebleu !

MONTE-PRADE.

Hein ?

CLORINDE.

Pardon !

ANNIBAL..

L'habitude des camps !

MONTE-PRADE.

Sa valeur se doit être aisément signalée.
Brave enfant ! Je voudrais le voir dans la mêlée,
Avec son bras d'acier et ses yeux de lion !
Dès l'enfance, la guerre était sa passion ;
Sans cesse il s'échappait pour livrer la bataille
Dans le faubourg, avec des gamins de sa taille ;
Il revenait souvent, Dieu sait dans quel état !
Il fallut un beau jour qu'on me le rapportât
Sur un brancard, le front fendu d'un coup de pierre !...
« Ce n'est rien, me dit-il, n'avertis pas ma mère ! »

FABRICE, à part.

O ma mère !

MONTE-PRADE.

Je suis bien heureux de vous voir ;
Vous me le rappelez comme un vivant miroir.

FABRICE.

Eh bien ! rassasiez vos yeux de cette joie.

Ils remontent la scène en causant.

CLORINDE, bas à Annibal.

Si c'est un espion que le fils nous envoie,
Il faut s'en assurer : grise-le.

ANNIBAL.

Bon, j'en suis !
La vérité sort mieux d'un tonneau que d'un puits.

CLORINDE, à Monte-Prade.

Laissez donc à monsieur le temps de prendre haleine,
Seigneur ; vous le pressez de façon inhumaine.

FABRICE.

Oh ! Madame...

MONTE-PRADE.

C'est vrai, je ne pense qu'à moi.

CLORINDE.

Votre hospitalité remplit mal son emploi.

ANNIBAL.

Au lieu de l'altérer, on restaure son hôte.

MONTE-PRADE.

Ils ont ma foi raison ! Je suis deux fois en faute.
Holà ! quelqu'un, holà !

Entre un valet.

Qu'on apporte l'encas.

Pendant ce qui suit on apporte une table toute servie.

3

CLORINDE.

Pour un tour de jardin donnez-moi votre bras.
Nous gênerions monsieur par la cérémonie ;
Mon frère mieux que nous lui tiendra compagnie.

MONTE-PRADE.

Pardonnez-moi, monsieur, une incivilité
Qui peut seule arrêter mon importunité.

FABRICE.

Faites, faites, monsieur.

A part.

L'occasion est bonne :
Le drôle sera fin s'il ne se déboutonne.

UN VALET.

Ces messieurs sont servis.

CLORINDE, à Monte-Prade.

Votre bras, s'il vous plaît.

MONTE-PRADE, à Fabrice.

Mon cher hôte, à bientôt.

CLORINDE, à part en sortant.

L'espion n'est pas laid.

Ils sortent.

SCÈNE V.

FABRICE, ANNIBAL.

FABRICE, à part.

A nous deux, sacripant !

ANNIBAL, à part.

A nous deux, mon jeune homme.

Ils se mettent à table.

Vous posséderons-nous longtemps?

FABRICE.

Je vais à Rome.

ANNIBAL.

Peut-être vous entrez dans l'église?

FABRICE.

En effet.

ANNIBAL.

Un bel état, monsieur ! Ce jambon est parfait.

FABRICE.

Il ouvre l'appétit.

ANNIBAL.

Et la soif,

FABRICE.

Il faut boire.

Ils boivent.

ANNIBAL.

Une profession tout à fait méritoire,
Monsieur ! Moi qui vous parle, entre autres révérends
Carmes et franciscains qui furent mes parents,
Je cite avec orgueil dom Paul-Grégoire-Ignace,
Évêque, *in partibus*, d'une ville de Thrace.
C'était un très-saint homme, et je suis convaincu
Qu'on l'eût canonisé s'il avait mieux vécu.
Mais...

Il parle bas à Fabrice.

FABRICE.

Vraiment?

ANNIBAL.

Comme j'ai l'honneur de vous le dire.

Et quand on l'y prenait, il se mettait à rire !
Buvons à la santé de ce pauvre défunt.

Ils boivent.

FABRICE.

Attaquons ce pâté qui m'allèche au parfum.

ANNIBAL.

J'oubliais la santé du pieux dom Sidoine,
Mon oncle maternel, en son vivant chanoine.
On n'en cite qu'un trait, mais qui dura longtemps,
Car c'est d'avoir vécu quatre-vingt-dix-huit ans.

Ils boivent.

Çà, de tous mes parents j'ai fêté la mémoire :
Mais n'en avez-vous pas quelques-uns à qui boire ?

FABRICE.

Trois tantes, six cousins et sept frères de lait.

ANNIBAL.

Trois, neuf, seize... buvons à chacun, s'il vous plaît.
A vos tantes d'abord, ces respectables dames
Qui n'ont jamais brûlé que de pieuses flammes.
En est-il dans le nombre une à succession ?
Nous boirions en détail à son extinction !

FABRICE.

Toutes ont des enfants.

ANNIBAL.

Impudiques douairières !

Il boit.

Passons à vos cousins ; que sont-ils ?

FABRICE.

Militaires.

ANNIBAL.

Miltaires tous six ?

FABRICE.

Comme vous.

ANNIBAL.

Comme moi ?

Je leur fais compliment.

FABRICE.

Car. vous l'êtes, je croi ?...

ANNIBAL.

Parbleu ! si je le suis ! nous autres gentilshommes !
J'ai tué de ma main ou blessé dix-huit hommes,
Dix-huit ! On m'a laissé deux fois parmi les morts,
Et si je vous montrais, monsieur, mon pauvre corps...
Un crible !

FABRICE.

En vérité, monsieur ?

ANNIBAL.

C'est à la lettre.
Je suis si laid à nu, que je n'ose m'y mettre.

FABRICE.

La gloire est à ce prix. Buvons à vos exploits !

ANNIBAL.

C'est là tout le profit que j'en tire : j'y bois !
La bouteille est à sec : holà !

Entre un valet.

FABRICE.

Du vin d'Espagne !
— Et dans quel régiment fîtes-vous la campagne ?

ANNIBAL.

Ah! dans quel régiment? Dans le Royal-Infant!

Au valet.

Mais ouvrez ce balcon, car l'air est étouffant!

FABRICE, à part.

Est-ce qu'il dirait vrai? Tendons-lui quelque piége.

Haut.

J'ai dans ce régiment un ami de collége.

ANNIBAL.

Qui se nomme?

FABRICE.

Artaban.

ANNIBAL.

Je le connais beaucoup.

FABRICE.

Vous êtes bien heureux! Buvons encore un coup;
A ce cher Artaban!

ANNIBAL, après avoir bu.

C'était un joyeux drille!
Mais avez-vous connu mon ami Nazarille?

FABRICE.

Non, monsieur.

ANNIBAL.

Ah! monsieur, quel garçon bien fendu!
Qu'il tirait bien l'épée avant d'être pendu!

FABRICE.

Pendu! Qu'avait-il fait?

ANNIBAL.

Ses torts n'étaient pas graves;
Mais les gens de justice ont en horreur les braves.

Moi qui vous parle, moi, si je n'étais parti,
Ne me voulaient-ils pas faire un mauvais parti ?

FABRICE.

Les vilains ! et pourquoi ?

ANNIBAL.

Pour rien... une estocade
A travers l'héritier présomptif d'un alcade.
J'ai pu fuir, averti par un bon alguazil...

FABRICE.

Et votre sœur vous a suivi dans votre exil ?

ANNIBAL.

Parbleu ! ma sœur était plus que moi compromise.
Mais je jase...

FABRICE.

Entre amis.

ANNIBAL.

Suffit. Si ma chemise
Savait ce que je pense, a dit un général,
Je changerais de linge.

FABRICE, à part.

Il ne ferait pas mal.

ANNIBAL.

Trop parler nuit. Buvons.

FABRICE.

Buvons !

A part.

Son œil se trouble.

ANNIBAL.

Ventrebleu ! plus je bois et plus ma soif redouble !

Regardez-moi ce jus, l'abbé, ce jus divin
Que le monde a nommé modestement du vin !
C'est le consolateur, c'est le joyeux convive,
A la suite de qui toute allégresse arrive !
Au diable les soucis, les craintes, les soupçons...
Quand je bois, il me semble avaler des chansons !
Verse encore un couplet et nargue du tonnerre !
Buvons à plein gosier et chantons à plein verre !
— Çà, n'avez-vous plus soif ?

FABRICE.

J'ai fait ce que j'ai pu.

ANNIBAL.

Oyez ce que chantait certain moine trapu :

Il chante.

Le vin est nécessaire ;
Dieu ne le défend pas !
Il eût fait la vendange amère
S'il eût voulu qu'on ne bût pas !

La chanson est jolie et prouve à l'évidence,
L'abbé, que Dieu n'est pas contraire à la bombance.

FABRICE, à part.

Patience ! Le vin rend l'homme transparent.

ANNIBAL.

Remarquez que l'enfant vient au monde en pleurant ;
Il vit la larme à l'œil... A boire, je vous prie.
L'abbé, la vie est courte !...

FABRICE.

Oh ! que courte est la vie !

ANNIBAL, chantant.

Quand on est mort on ne mord plus
    Que la poussière ;
Quand on est mort on ne mord plus,
    On est mordu.

· Il boit.

L'ivrognerie, un vice ignoble ? ut ! buveur d'eau !...
Un ivrogne ressemble au céleste flambeau,
Au soleil, n'en déplaise à ta vieille faconde :
Tout tourne autour de lui : c'est le centre du monde !
— Mais c'est égal, la vie est trop courte, mon cher !
Notre âme est immortelle, oui, mais la pauvre chair ?

FABRICE.

Buvez !

ANNIBAL.

Mordieu ! trinquons, monsieur l'homme d'église,
Car je veux vous griser aussi, si je me grise !

FABRICE.

Soit ! A votre santé, mon brave.

ANNIBAL.

A ma santé !

Il boit.

Quoiqu'elle vous soit bien égale, en vérité.

FABRICE.

Qui dit cela ?

ANNIBAL.

Voyons, pleureriez-vous ma perte
Si je mourais demain d'indigestion ?

FABRICE.

Certe.

3.

ANNIBAL.

Laissez-moi donc tranquillle avec votre amitié!
Peut-être en moins d'un an tu m'aurais oublié!
Oui, va, tu fais semblant de m'aimer, âme vile!
Parce que tu vois bien que je peux t'être utile!
Que je suis malheureux, mon Dieu! mon Dieu! jamais
Je n'ai pu me fier à ceux-là que j'aimais!
Ah! c'est un lourd fardeau, vois-tu, qu'une âme tendre
Quand on n'a pas quelqu'un qui puisse vous comprendre!
Mais dis-moi le motif au moins de ton mépris,
Que je me justifie.

FABRICE.

Allez, vous êtes gris!

ANNIBAL.

Moi gris? c'est qu'il le croit l'abbé, Dieu me bénisse!
A preuve, je m'en vais te réciter Phénice...
Le rôle de ma sœur s'entend... car quant à moi,
Je vis de mon épée et suis noble du roi!

FABRICE.

Sous quel nom votre sœur était-elle au théâtre?

ANNIBAL.

Sous un beau nom, l'abbé, le nom de Cléopâtre.
Mais es-tu comme moi? Quand il fait du soleil
Ma conversation m'ennuie et j'ai sommeil.

FABRICE.

Il est bon de dormir après une bombance.

ANNIBAL.

Veux-tu que nous dormions?

FABRICE.

Très-volontiers.

ANNIBAL.

Commence.

FABRICE.

Non, monsieur, après vous.

ANNIBAL.

Non, je n'en ferai rien.
Je suis poli... je suis poli... j'ai du maintien !
Il s'endort.

FABRICE, se levant.

Dors du sommeil du juste, ô vertueux ivrogne !
Quelle place aux soufflets sur cette large trogne !
— Or çà, j'ai leur secret, c'est le point capital
Des opérations de ce siége moral.
Toutefois commençons prudemment nos approches,
Car le fort est solide et bâti sur des roches.
A nos pièces !

SCÈNE VI.

Les Mêmes, MONTE-PRADE, CLORINDE.

MONTE-PRADE.

Eh bien ! vous êtes-vous refait,
Mon cher hôte ?

FABRICE.

Oui, seigneur, tout m'a semblé parfait,
Et festin et convive.

MONTE-PRADE.

Il dort ?

CLORINDE, à part.

Le misérable !
Pourvu qu'il n'ait rien dit !

FABRICE.

Je suis le seul coupable,
Cher seigneur ; je me suis sottement amusé
A lui verser du vin sans eau, je l'ai grisé.
J'en demande pardon à dona Cléopâtre...

MONTE-PRADE.

A dona?

FABRICE.

Je ne sais que son nom de théâtre ;
Mais dans mon court passage à Madrid, j'allais voir,
C'est-à-dire applaudir madame chaque soir.
Sa rencontre céans était si peu prévue
Qu'en entrant je craignais de faire une bévue ;
Mais mon doute bientôt par monsieur dissipé...

Il montre Annibal.

MONTE-PRADE, à Clorinde.

Qu'avez-vous à répondre?

CLORINDE.

Oui, je vous ai trompé.

MONTE-PRADE, à Fabrice.

J'allais donner mon nom à cette aventurière...
Oui... le nom de mon fils et le nom de mon père !
— Monstre de perfidie et de perversité !

CLORINDE.

Séparons-nous, seigneur, mais sans indignité.

MONTE-PRADE.

Elle se sent si bien coupable en cet esclandre
Qu'elle ne tente pas même se défendre.

CLORINDE.

Devant votre douleur je l'aurais entrepris,

Mais je ne le peux pas devant votre mépris.

Dût mon cœur, en partant, de désespoir se fondre,

C'est mériter certains outrages qu'y répondre :

Et je pars les yeux secs, sans plainte, sans regret,

Emportant avec moi le mot qui m'absoudrait !

MONTE-PRADE.

Le mot?... Quel mot, parlez!

CLORINDE.

Non, pas pour un empire.

MONTE-PRADE.

Quand on se tait ainsi, c'est qu'on n'a rien à dire.

CLORINDE.

Libre à vous de le croire. Adieu !

MONTE-PRADE.

Soit!

Clorinde sort; Monte-Prade tombe dans un fauteuil.

SCÈNE VII.

FABRICE, MONTE-PRADE.

MONTE-PRADE, à lui-même.

C'est fini !

Et sous mon toit, par elle un instant rajeuni,

Je sens de toutes parts revenir la vieillesse !

FABRICE, à part.

Il pleure !... Ce n'est pas fini.

MONTE-PRADE, essuyant une larme.

Quelle faiblesse !

Pour une saltimbanque!... Un homme comme moi!
— Dans quel piége elle avait saisi ma bonne foi!
Avec quel art perfide elle jouait son rôle!
En appuyant son front charmant sur mon épaule,
Elle ne me parlait que d'amour filial,
Et je pouvais la croire... Oh! que cela fait mal!

Se levant.

Du courage! Soyons un homme!

Il se promène lentement, la tête sur sa poitrine.

FABRICE, à part, le suivant des yeux.

Pauvre père!
Suis-je bien dans mon droit quand je te désespère?
Va, si tu devais être heureux par cet hymen,
Ton fils tout le premier y donnerait la main;
Mais on sait trop comment ce bonheur-là s'achève,
Et c'est pourquoi je dois t'arracher à ton rêve.

MONTE-PRADE.

Ce mot qui l'absoudrait, quel peut-il être? — Non!
Elle n'a rien à dire et paie encor d'aplomb.
— Si pourtant elle avait en effet une excuse?
En suis-je là, mon Dieu! de vouloir qu'on m'abuse!
Ah! je me fais pitié moi-même!

FABRICE, à part.

Ce sera
L'innocente demain qui lui pardonnera...
Son chagrin est trop neuf pour n'être pas crédule.

MONTE-PRADE.

Vous devez me trouver, monsieur, bien ridicule...
A mon âge!

FABRICE.

Et pourquoi? Le cœur ne vieillit pas.

MONTE-PRADE.

Je l'aimais tendrement.

FABRICE, à part.

Je le vois bien, hélas !

SCÈNE VIII.

LES MÊMES, CLORINDE, un coffret à la main.

CLORINDE.

Je viens chercher mon frère.

FABRICE, à part.

Un mot va lui suffire ;
Aura-t-elle besoin seulement de le dire ?

CLORINDE, déposant le coffret sur la table.

Je vous rapporte aussi ce coffret de bijoux.

MONTE-PRADE, faiblement.

Gardez-les.

CLORINDE.

Je pouvais les tenir d'un époux ;
Mais de l'homme qui m'a méprisée et chassée
Je ne veux rien garder, pas même en ma pensée.

FABRICE, à part.

C'est bien rentré !

MONTE-PRADE.

Vous suis-je à ce point odieux
Qu'un souvenir de moi vous soit injurieux ?

CLORINDE.

Oui, seigneur.

FABRICE, à part.

Sachons perdre une première manche,
Et tàchons de piper les dés pour la revanche.

Haut, passant entre eux.

Puisque j'ai fait le mal, je dois le réparer :
Vous êtes tous les deux fous de vous séparer.

MONTE-PRADE.

Il le faut bien.

FABRICE.

Pourquoi le faut-il ? Pour le monde ?
Si vous êtes heureux, qu'importe qu'il vous fronde ?
Vous immolerez-vous au plus sot préjugé ?

MONTE-PRADE.

Préjugé ?

FABRICE.

Qu'est-il donc entre vous de changé ?
Rien... sinon que tantôt, chez votre fiancée,
Vous aviez lieu de craindre une arrière-pensée,
Tandis que maintenant, aux yeux de la raison,
Son dévoûment se trouve au-dessus du soupçon.

MONTE-PRADE.

Comment l'entendez-vous ?

FABRICE.

Votre fortune brille
Assez pour éblouir l'œil d'une pauvre fille ;
Mais de quelques splendeurs que vous l'enveloppiez,
Madame en a dû voir bien d'autres à ses pieds ;
Car une comédienne au luxe accoutumée
Bat aisément monnaie avec sa renommée.

CLORINDE.

Et si ce vil commerce eût été de mon goût,

M'auriez-vous rencontrée ici manquant de tout?
Non! J'ai toujours gardé de toute défaillance
Ma chère pauvreté, ma dernière innocence.

MONTE-PRADE.

Mais si ce n'est mon bien, que convoitiez-vous donc?

CLORINDE.

Ce que je convoitais, seigneur, c'est le pardon!
C'est la douceur de vivre en épouse pudique,
C'est la sérénité du foyer domestique,
Un sort de modestie et de paix revêtu;
Ce que je convoitais enfin, c'est la vertu!

FABRICE.

Ah! que puisse le ciel me garder une femme
Comme vous éprouvée et passée à la flamme!

MONTE-PRADE.

Quoi! Vous consentiriez à ma place?

FABRICE.

Eh! Seigneur!
Sont-ce des sûretés qu'il faut à votre honneur?
Le repentir en offre autant que l'innocence,
Plus même, s'il s'appuie à la reconnaissance.
Est-ce d'affection que vous êtes jaloux?
Si femme au monde peut aimer un vieil époux,
N'est-ce pas celle-là qui connaît tout le vide
Des amours dont un cœur de vingt ans est avide?
Ce que je vous dis là, seigneur, il est certain
Que vous vous le seriez vous-même dit demain!

CLORINDE.

Que vous connaissez mal ce mépris implacable,
Si de raisonnements vous le croyez capable!

A l'approbre un instant j'ai cru me dérober,
Mais, je le vois, c'était pour y mieux retomber !...
Retombe donc, retombe et renonce à la lutte,
Créature en naissant condamnée à la chute,
Folle qui prétendais à de meilleurs destins
Que de servir de proie aux riches libertins ;
Retombe, et dans la fange infâme où tu te vautres
Sache trouver de l'or au moins, comme les autres !

MONTE-PRADE, à part.

O Dieu !

CLORINDE, éclatant en sanglots.

Je ne pourrai jamais ! Plutôt la mort !

Elle se jette aux pieds de Monte-Prade.

Ayez pitié de moi ! Laissez-moi dans le port !
Si vous avez aimé la pauvre créature,
Ne la rejetez pas à l'orage en pâture !

MONTE-PRADE.

Eh bien ! non, c'en est trop ! Reste, je suis vaincu !
Que de plus courageux montrent plus de vertu !
Dussé-je en te sauvant m'imprimer une tache,
Ceux-là n'ont pas aimé qui me trouveront lâche !

CLORINDE.

Quoi ! Vous me pardonnez ! Oh ! par quel dévoûment
Pourrai-je mériter ce pardon trop clément ?

MONTE-PRADE.

Enfant, ne parlons plus de vos erreurs passées ;
Je ne veux leur laisser de place en mes pensées
Que pour rendre à chacun sa légitime part :
Le repentir à vous et le reste au hasard.

CLORINDE.

Oh ! merci !

FABRICE, à part.

Maintenant je la tiens : j'ai mon piége.

CLORINDE, à Fabrice.

Et quant à vous, seigneur, comment m'acquitterai-je ?
Vous qui m'avez rendu la vie et son amour !

FABRICE.

Je n'ai fait qu'avancer sa justice d'un jour :
Avouez-le, seigneur.

MONTE-PRADE.

Ne fût-ce que d'une heure,
C'est autant apporter de joie en ma demeure.

FABRICE.

Eh bien ! si mes conseils vous semblent bons, souffrez
Que je vous en donne un encor que vous suivrez.

MONTE-PRADE.

Je m'y soumets d'avance : il ne peut qu'être sage.

FABRICE.

Procédez dès demain à votre mariage.

MONTE-PRADE.

J'y pensais. Pourquoi pas ce soir même, à minuit ?

FABRICE.

C'est un peu court.

MONTE-PRADE.

Il faut agir vite et sans bruit.
Allons tout préparer, le prêtre et le notaire.

A Clorinde.

M'accompagnerez-vous ?

CLORINDE.

Jusqu'au bout de la terre !

MONTE-PRADE.

Adieu, mon hôte !

CLORINDE.

Adieu, mon véritable ami !

Ils sortent.

SCÈNE IX.

ANNIBAL endormi, FABRICE.

FABRICE.

Tout soupçon contre moi chez elle est endormi ;
J'ai dix heures encore avant leurs épousailles :
On change en moins de temps le destin des batailles.

Il sort.

FIN DU DEUXIÈME ACTE.

ACTE TROISIÈME

SCÈNE PREMIÈRE.

ANNIBAL endormi, FABRICE entrant par le fond,
CÉLIE par la droite.

FABRICE.

Je viens de rencontrer Horace dans la rue,
Où d'un air si piteux il faisait pied de grue...

Célie lui fait signe de se taire en lui montrant Annibal.

Ce corps est toujours là ? Tu gronderas nos gens :
Ils sont à balayer la salle, négligents.
Mais ne crains rien : il dort... Pour revenir, Horace
T'attend dans le jardin au pied de la terrasse.

CÉLIE.

Me permettez-vous ?

FABRICE.

Non, je t'ordonne, au besoin.
Gardez pour vous la joie, et me laissez le soin.

CÉLIE.

Vous êtes bon !

FABRICE.

Parbleu ! Ce n'est pas grand miracle !
C'est tout ce qu'a sauvé mon cœur de la débâcle.

CÉLIE.

Qui nous acquittera vers vous à notre tour ?

FABRICE.

Sois heureuse, et c'est moi qui devrai du retour.

CÉLIE.

Hélas! nous le serons, pourvu qu'on nous marie!

FABRICE.

Et l'on vous marîra, grâce à mon industrie.

CÉLIE.

Vous avez un moyen?

FABRICE.

Un moyen sûr et clair,
Bâti sur le hasard d'une parole en l'air :
Cette seconde lettre à mon père promise,
Que j'avais soi-disant laissée en ma valise...

CÉLIE.

Oui...

FABRICE.

Je viens de l'écrire, et je vais la lancer...
Dans un instant Clorinde aura de quoi penser.

CÉLIE.

Que dit donc cette lettre?

FABRICE.

Elle dit... On vient, preste!
Disparais! Ton cousin te contera le reste :
Clorinde, en nous voyant, pourrait prendre l'éveil.

Célie sort.

SCÈNE II.

FABRICE, MONTE-PRADE, CLORINDE.

MONTE-PRADE.

Nous venons, mon ami, vous demander conseil.

FABRICE.

Je suis très-honoré.

CLORINDE.

Vous êtes notre oracle.

FABRICE.

Tout est prêt pour ce soir, j'espère?

MONTE-PRADE.

Sans obstacle.

Mais il reste à régler un point assez scabreux,
C'est la conduite à suivre envers ce malheureux.

Il désigne Annibal.

FABRICE.

Donnez-lui quelque argent, et qu'il parte au plus vite.

MONTE-PRADE.

Oui, mais je voudrais, moi, qu'il partît tout de suite;
Et Clorinde, au contraire, est d'avis de surseoir,
Et de le ménager au moins jusqu'à ce soir.

CLORINDE.

Autrement il est homme à nous faire un esclandre.

FABRICE, à Monte-Prade.

Jusqu'à demain, seigneur, ne pouvez-vous attendre?

MONTE-PRADE.

Ne comprenez-vous pas combien il me déplaît
De l'admettre un instant chez moi pour ce qu'il est?

FABRICE.

C'est vrai. Pour respecter la place qu'il occupe
Il faut qu'il continue à vous croire sa dupe;
Qu'il ne sache donc rien de ce qui s'est passé.

CLORINDE.

Ce moyen terme à prendre est le parti sensé.

MONTE-PRADE.

Eh bien! tenons-nous-y.

FABRICE.

Souffrez que je vous quitte :
A quelques pas d'ici je dois faire visite.

MONTE-PRADE.

A votre aise, mon cher.

FABRICE, fausse sortie.

Étourdi que je suis!...
J'oubliais... Devinez!...

Il tire une lettre de sa poche et la donne à Monte-Prade.

MONTE-PRADE.

La lettre de mon fils!
Vous permettez, monsieur?

FABRICE.

Je sors.

Il serre la main à Monte-Prade, salue Clorinde et sort.

SCÈNE III.

MONTE-PRADE, CLORINDE.

MONTE-PRADE, lisant la lettre.

Est-il possible?

CLORINDE.

Quoi donc? Un malheur?

MONTE-PRADE, contraint.

Non.

CLORINDE.

Votre trouble est visible.

MONTE-PRADE.

Ce n'est pas un malheur.

CLORINDE.

Alors c'est contre moi.

MONTE-PRADE.

Non.

CLORINDE.

Quel autre sujet peut vous mettre en émoi ?
Ah ! malheureuse !

MONTE-PRADE.

Non, calmez-vous, chère fille.
Il s'agit simplement d'un secret de famille.

CLORINDE.

Vous me jugez indigne...

MONTE-PRADE.

Eh bien, non ! je rougis
Des appréhensions auxquelles j'obéis ;
Lisez.

Il lui donne la lettre.

CLORINDE, lisant.

« Mon père, Ulric n'est pas un bourgeois de Munich
« ainsi que j'ai été forcé de vous le dire dans sa lettre
« d'introduction. C'est un des plus riches et des plus no-
« bles gentilshommes d'Allemagne : marquis d'Arans-
« berg, comte de Latran, prince du Saint-Empire. Il
« voyage déguisé, par esprit d'aventure, cherchant une
« femme dont il soit aimé pour lui-même. Ne laissez
« pas échapper une si belle occasion de marier ma sœur ;
« elle doit être charmante, et le prince ne tient ni au
« bien ni à la naissance. »

4

Vous aviez peur qu'il me tournât la tête...
Pour lui comme pour moi le soupçon est honnête.
Mais, seigneur, cette histoire a tout l'air d'un roman.

MONTE-PRADE.

Rien n'est plus naturel chez un noble allemand.

CLORINDE.

Si fous que soient encor ces gens-là, je parie
Que votre fils vous fait une plaisanterie.

MONTE-PRADE.

Il n'y mêlerait pas sa sœur, croyez-le bien.

CLORINDE.

Oui, j'ai tort de juger les frères par le mien.
Mais vous êtes bien sûr que ce soit l'écriture...

MONTE-PRADE.

De Fabrice? Sans doute, avec sa signature.

CLORINDE.

Il ne faut plus douter alors. C'est positif.
Étrange événement!

MONTE-PRADE, à part.

Comme elle a l'air pensif!

Haut.

Donnez-moi votre avis.

CLORINDE.

Question délicate.
Je vous conseillerais, si j'étais diplomate,
De renvoyer votre hôte, et vous seriez ravi
Dans vos secrets désirs d'être si bien servi.

MONTE-PRADE.

Moi?

CLORINDE.

Mais j'aime encor mieux, seigneur, quoi qu'il m'en coûte,
En votre esprit sur moi laisser planer un doute,
Que de vous rassurer comme je le pourrais
Par un conseil funeste à vos vrais intérêts.

MONTE-PRADE.

A qui funeste? En quoi?

CLORINDE.

Vous n'êtes pas sincère,
Et vous parlez, seigneur, plus en jaloux qu'en père.

MONTE-PRADE.

Ma fille est accordée à son petit cousin.

CLORINDE.

Le père à son retour changera de dessein.
Croyez-vous qu'à Padoue il soit une famille
Qui marîrait son fils avec ma belle-fille?
Si vous vous en flattez, seigneur, vous avez tort.

MONTE-PRADE.

Cruelle! vous mettez le doigt sur mon remord.

CLORINDE.

Et sur le mien. Aussi je saisis avec joie
L'étrange occasion que le ciel nous envoie
De réparer bientôt par un coup triomphant
Le tort que nous causons à notre chère enfant.
Puis c'est un égoïsme en moi fort légitime
De vouloir lui donner un mari qui m'estime,
Dont elle sera fière et dont l'empire aimé
Me rouvrira ce cœur charmant qui m'est fermé.
Quel bonheur! Nous irions tous quatre en Allemagne...

MONTE-PRADE.

Là, nul ne jetterait d'insulte à ma compagne...
Que laisserais-je ici? Rien que des ennemis.
La patrie est aux lieux où l'on a des amis.
Mais Célie aime Horace.

CLORINDE.

Un sentiment si mince
Tiendra-t-il dans son cœur contre l'amour d'un prince,
D'un prince de roman, d'un prince déguisé,
Qui veut être une fois pour lui même épousé!
Cette prétention, fort ridicule en somme,
A des yeux de seize ans peut embellir un homme.

MONTE-PRADE.

Ah! que vous m'enchantez de le traiter ainsi!
Mais cet amour d'enfant me donne du souci.

CLORINDE.

Les filles de seize ans sont tôt persuadées.

MONTE-PRADE.

Non! non! Célie est ferme en ses jeunes idées.
L'innocente m'a fait cent réponses déjà
Où jamais à seize ans fillette ne songea.
La mère ayant trop tôt déserté la couvée,
A mon triste foyer l'enfant s'est élevée,
Mûrissant son esprit en silence, au milieu
Des entretiens virils et sous l'aile de Dieu.
Je suis si maladroit et son humeur est telle
Que je gâterai tout pour peu que je m'en mêle.
Vous seule la pourriez peut-être manier.

CLORINDE.

Croyez-vous?

MONTE-PRADE.

Essayons. Je vais vous l'envoyer.
Gardez la lettre.

Il sort.

SCÈNE IV.

ANNIBAL, endormi, CLORINDE. Elle s'assied,
et rêve le menton dans sa main.

ANNIBAL.

Tiens, la voiture s'arrête.
Tant mieux, je suis trempé. Mon Dieu, que je suis bête !
Quand je dors on me fait croire tout ce qu'on veut.
Dans mon rêve on m'avait persuadé qu'il pleut ;
Là-dessus, j'ai pris froid...

Il éternue.

Je te devrai ce rhume,
Imagination toute pleine de brume !

Il se lève.

Ah çà, quelle heure est-il ? Six heures... du matin ?
Non, le soleil descend. Pourtant je n'ai pas faim.
Prodigieux ! Je n'ai rien mangé que je sache...
Qui dort dîne, dit-on... J'ai dormi chez Gamache.

Il aperçoit Clorinde.

Ma sœur ! Elle ne bouge et semble ruminer.
Comme moi serait-elle en train de dordiner ?
Ma foi, réveillons-la, c'est lui rendre service.
Hé ! Clorinde !

CLORINDE.

Oui, j'en dois faire le sacrifice.

4

ANN BAL.

Sacrifice de quoi?

CLORINDE.

Du prince.

ANNIBAL.

Ah! tu rêvais
D'un prince? A la santé cela n'est pas mauvais.

CLORINDE.

Il s'agit bien de rêve!

ANNIBAL.

Et de quoi donc, ma belle?

CLORINDE.

L'étranger de tantôt...

ANNIBAL.

Ah! oui, je me rappelle!
Nous avons pris un fruit... de xérès imbibé...
Je sais qui c'est.

CLORINDE.

Vraiment?

ANNIBAL.

Ce n'est qu'un simple abbé.

CLORINDE.

Et c'est pour arriver à cette découverte
Que tu viens de me mettre à deux doigts de ma perte?

ANNIBAL.

Comment cela?

CLORINDE.

Tu t'es horriblement grisé,
Malheureux!

ANNIBAL.

Pas possible. Est-ce que j'ai jasé?

CLORINDE.

Oui, mais tout a tourné pour le mieux.

ANNIBAL.

Je respire!

CLORINDE.

Pour l'abbé prétendu... lis, puisque tu sais lire.

Elle lui donne la lettre.

ANNIBAL, tout en lisant.

Étonnant! étonnant!

CLORINDE.

Comprends-tu? je pourrais
L'épouser, et le cède à d'autres sans regrets.

ANNIBAL.

Tu pourrais l'épouser, toi, ce prince?

CLORINDE.

Sans doute.

ANNIBAL

Mais, chère enfant, s'il sait ton histoire...

CLORINDE.

Pas toute;
Et ce qu'il en connaît, bien loin de m'avoir nui,
M'a mise en bonne odeur de vertu près de lui.
Sans plus amples détails, tu ne me crois pas folle?
Je pourrais l'épouser, je le peux... ma parole!

ANNIBAL.

Je te croirais assez, n'était un petit point:
Tu dis que tu le peux et que tu ne veux point?
Pour être vrai, mon cœur, c'est trop noble ou trop bête.

CLORINDE.

N'est-ce pas que c'est bien et d'une femme honnête?
N'est-ce pas que je peux sans scrupule à présent

Prendre place parmi ce monde méprisant,
Et que j'y paie assez mon droit de bienvenue
Pour ne pas y rougir comme une parvenue?
O mon frère! sens-tu quel légitime orgueil
C'est d'entrer là sans mettre un masque sur le seuil!
Ce n'est plus mon fantôme, une apparence vaine
Qu'à ce rang souhaité j'introduis à grand'peine;
C'est moi-même, c'est moi, c'est ma réalité,
Qui respire à son aise en pleine honnêteté!

ANNIBAL.

Et c'est pour un motif de vanité si mince
Qu'on te voit dédaigner l'alliance d'un prince?
Prends-le, morbleu! s'il est prenable, dans tes rets!
Tu pourras toujours être honnête femme après.

CLORINDE.

Non, l'heure m'en serait à tout jamais ravie,
Car je suis au dernier carrefour de ma vie;
Si je ne change pas de route en ce moment,
Je ne trouverai pas un autre embranchement.

ANNIBAL.

Faut-il n'être qu'un âne et ne pouvoir répondre!
Une poule aux œufs d'or, qui refuse de pondre!...

CLORINDE.

Et de quoi te plains-tu, parasite effronté?
Ne peux-tu te tenir où je t'ai transporté?
Nous avons assez fait le mal de compagnie;
Ne demande plus rien, ô mon mauvais génie!
Laisse-moi désormais, si je puis oublier,
Avec le monde et moi me réconcilier.

ANNIBAL.

L'infortunée!... Elle est stupide! elle est stupide!

SCÈNE V.

LES MÊMES, CÉLIE.

CLORINDE, bas.

Voici Célie. Admire un peu cet œil limpide,
Cette fière innocence, et comme la fraîcheur
Qui brille sur sa joue y monte bien du cœur.
Depuis que je n'ai plus à lui porter envie,
Je l'aime, cette enfant de pureté suivie!

ANNIBAL.

Admire ta vertu jusqu'en celle d'autrui !

Il s'assied dans un coin.

CLORINDE, s'approchant de Célie.

Vous ne me fuyez pas, mon enfant, aujourd'hui...
Si vous saviez combien vous me faites de joie !

CÉLIE.

Un ordre de mon père auprès de vous m'envoie.

CLORINDE.

Un ordre ? Fallait-il un ordre pour cela,
Et se peut-il vraiment que nous en soyons là ?
Mais pour me regarder comme votre ennemie,
Lisez-vous de la haine en ma physionomie ?
Ah ! qui pourrait ouvrir mon cœur, n'y trouverait
Qu'un tendre attachement à s'épancher tout prêt.

CÉLIE.

J'ignore en ce discours si vous êtes sincère,
Madame; mais je dois souhaiter le contraire;
Car dans les sentiments c'est un grand embarras,
Lorsque l'on est aimé de ceux...

CLORINDE.

Qu'on n'aime pas ?
Pour que mon amitié vous soit fâcheuse à croire,
On m'a donc peinte à vous d'une couleur bien noire ?

CÉLIE.

On m'a dit... Ce que j'ai grâce à vous entendu,
Madame, à mon oreille encor n'était pas dû.
Cet entretien me cause une gêne cruelle...
Permettez-moi...

CLORINDE.

Non, non ! restez, mademoiselle,
Car pénible pour vous et pour moi douloureux,
Cet entretien pourtant importe à toutes deux.

CÉLIE.

Mon Dieu, je ne suis pas votre juge, madame.

CLORINDE.

Vous me jugez pourtant et d'un sévère blâme !
Oui, ma vie est coupable, oui, mon cœur a failli...
Mais vous ne savez pas de quels coups assailli !
Comment le sauriez-vous, âme chaste et tranquille,
A qui la vie est douce et la vertu facile,
Enfant qui pour gardiens de votre tendre honneur
Avez une famille et surtout le bonheur !...
Comment le sauriez-vous ce qu'en de froides veilles,
La pauvreté murmure à de jeunes oreilles ?
Vous ne comprenez pas, n'ayant jamais eu faim,
Qu'on renonce à l'honneur pour un morceau de pain.

CÉLIE.

J'ignore ce que peut conseiller la misère ;
Mais suivre ses conseils n'est pas si nécessaire

Qu'on ne voie, en dépit de la faim et du froid,
Plus d'une pauvre fille honnête et marchant droit.

CLORINDE.

Ah! celle-là déploie un courage sublime,
Sans doute. Admirez-la, mais plaignez la victime.

CÉLIE.

Oui, d'avoir préféré par un honteux effort
L'infamie au travail, à la faim, à la mort;
Oui, de s'être à jamais de l'estime bannie
En troquant le malheur contre l'ignominie;
Oui, si le mot peut être en ce sens employé,
Je la plains de ne plus mériter de pitié.

CLORINDE.

Voilà votre clémence!... Ainsi, rien dans ce monde,
Ni repentir amer, ni souffrance profonde,
Ni résolution ferme pour l'avenir,
Demandant mon pardon, ne pourra l'obtenir?

CÉLIE.

Vous me faites parler sur d'étranges matières,
Et mon esprit sans doute y manque de lumières;
Mais puisqu'à prononcer il se trouve réduit:
Qui déteste sa faute en doit haïr le fruit
Vos remords sont douteux, s'ils vous laissent l'audace,
Madame, d'usurper plus longtemps cette place.

CLORINDE.

Je ne la souille plus et n'en dois pas sortir!
J'ai d'une autre façon prouvé mon repentir...
Oui, par une action si noble et si loyale,
Que des plus généreux elle me fait l'égale!
J'ai toutes les vertus du rang que j'usurpais:
Ma conscience peut le retenir en paix!

CÉLIE.

Votre bonne action, car je veux bien y croire,
N'est qu'un commencement de l'œuvre expiatoire.
La vertu me paraît comme un temple sacré :
Si la porte par où l'on sort n'a qu'un degré,
Celle par où l'on rentre en a cent, j'imagine,
Que l'on monte à genoux, en frappant sa poitrine.

CLORINDE.

Comme ils se tiennent tous et comme les parents
Dressent les premiers-nés à n'ouvrir pas les rangs !
O race des heureux, phalange impénétrable
Qui rendez le retour impossible au coupable,
Faisant au repentir un si rude chemin
Qu'on ne peut y marcher avec un pied humain,
Vous répondrez à Dieu des âmes fourvoyées
Que vos rigueurs auront au vice renvoyées !.

CÉLIE.

Dieu, dites-vous ? Sachez que les honnêtes gens
Trahiraient sa justice à vous être indulgents !
Car votre arrêt n'est pas seulement leur vengeance,
C'est l'encouragement et c'est la récompense
De ces fières vertus qui dans un galetas
Ont froid et faim, madame, et ne se rendent pas.

CLORINDE.

Assez, mademoiselle, assez !...

CÉLIE.

Je me retire ;
Je vous en ai dit plus que je n'en voulais dire...
Adieu. C'est la première et la dernière fois
Que sur de tels sujets j'ose élever la voix.

Elle sort.

SCÈNE VI.

ANNIBAL, CLORINDE.

ANNIBAL.

La petite est assez revêche en reparties.
Que te semble l'accueil qu'on fait aux repenties?

CLORINDE.

Je ne me repens plus... que de mon repentir!

ANNIBAL.

Allons donc!

CLORINDE.

    Ah! voilà comme on sait compatir?...
C'est bien. Mais puisque j'ai le châtiment du vice,
Je veux aussi, j'en veux avoir le bénéfice!
Je monterai si haut l'objet de leur mépris
Que l'envie à leur cœur en apprendra le prix!

ANNIBAL, se levant.

Princesse!

CLORINDE.

    Je veux l'être, et de cette puissance
Je saurai bientôt faire une arme à ma vengeance.
Oui, je vais me venger sur ce monde méchant
De tous les bons instincts qu'à mon cœur il défend!
Je vais le châtier avec joie, avec rage,
De la perversité dont il fait mon partage...
Ah! celui-là n'est pas pétri d'un fier limon,
Qui peut tomber du ciel sans devenir démon!

ANNIBAL.

Bien dit.

5

CLORINDE.

On me repousse? Eh bien, j'en suis contente!
Ma fortune en sera d'autant plus éclatante!
Aussi bien il n'est rien d'ignoble en mon projet...

ANNIBAL.

Parbleu!

CLORINDE.

Le prince est beau.

ANNIBAL.

Superbe!

CLORINDE.

Il est bien fait.

ANNIBAL.

Un Apollon!

CLORINDE.

Sa joue est un peu creuse et pâle,
Mais il porte en son air je ne sais quoi de mâle,
Et son regard tranquille a certaine façon
De s'appuyer sur vous, qui donne le frisson.

ANNIBAL.

Ah! ne m'en parle pas, j'ai frissonné moi-même.

CLORINDE.

Je sens que je pourrai l'aimer, et si je l'aime,
Ce n'est plus le tromper que l'épouser!

ANNIBAL.

Parbleu!
—Mais lui, de son côté, crois-tu qu'il prenne feu?

CLORINDE.

L'incendie est tout prêt, que son âme recèle;
Pour le faire éclater il faut un étincelle...

ANNIBAL.

Très-bien, et tu t'entends à battre le briquet!

Vieux habits, vieux galons, faites votre paquet;
Séparons-nous! Je suis membre de la noblesse,
Chambellan, maréchal... J'épouse une duchesse...
Les duchesses, morbleu! c'est mon goût dominant!
Je l'ai peu satisfait jusques à maintenant.

CLORINDE.

Ne perdons pas de temps en paroles : à l'œuvre.

ANNIBAL.

Et quel sera mon rôle, à moi, dans la manœuvre?

CLORINDE.

Occupe Monte-Prade en bas jusqu'au souper.

ANNIBAL.

Oui. — Je cherche de quoi je pourrai l'occuper.
J'ai l'entretien fort court.

CLORINDE.

Prends ta guitare et pince.
— Moi, pendant ce temps-là, je rencontre le prince.

ANNIBAL.

Où?

CLORINDE.

N'importe où. Sois sûr qu'il me guette à l'écart
Et que sur mon passage il sera par hasard.

ANNIBAL.

Pauvre ami! Son affaire est bonne s'il t'accoste.
Une, deux, touche au cœur.

CLORINDE.

Sois tranquille! à ton poste.

Ils sortent.

FIN DU TROISIÈME ACTE.

ACTE QUATRIÈME

Le soir. — Un flambeau allumé sur une table.

SCÈNE PREMIÈRE.

HORACE, CÉLIE.

HORACE, escaladant le balcon.

Mon oncle me défend sa porte, mais peut-être
N'a-t-il pas entendu défendre sa fenêtre !
S'il s'est mal expliqué, j'en suis fort innocent ;
Il s'expliquera mieux, d'ailleurs, en me chassant.
Ils sont tous attablés, sauf Célie et Fabrice :
Que leur bon appétit me serve de complice !

Il va à la porte de l'appartement de Célie.

Célie ! Hé ! ma Célie !

CÉLIE, entrant.

Oses-tu revenir ?

HORACE.

Ne crains rien, le souper n'est pas près de finir.
J'avais à te parler.

CÉLIE.

Fais vite.

HORACE.

Je t'admire !
Fais vite ! Penses-tu que deux mots vont suffire ?

CÉLIE.

Qu'as-tu donc à me dire ?

HORACE.

Eh! parbleu! rien du tout...
Aussi je parlerais cent ans sans être au bout.

CÉLIE.

Cher Horace... J'entends des pas... Va-t'en... Je tremble.

SCÈNE II.

LES MÊMES, FABRICE.

FABRICE.

Ne vous dérangez pas, je vous cherchais ensemble.
Clorinde dans mon piége a donné pleinement :
Il faut tout préparer pour un enlèvement.

HORACE.

Tu la veux enlever?

FABRICE.

Est-il une autre preuve
Dont la crédulité de mon père s'émeuve?

CÉLIE.

Ne suffirait-il pas de la démasquer?

FABRICE.

Non!
Notre père est, vois-tu, possédé d'un démon
Qu'on peut exorciser seulement par l'absence;
Tant qu'il est sous ses yeux, il est en sa puissance.
En outre, il ne faut pas, pour plus d'une raison,
Qu'il sache à quelle main il doit sa guérison :
Ces démences du cœur, par un effet posthume,
Contre leur médecin laissent de l'amertume.

CÉLIE.

Notre père est si bon qu'il n'en garderait pas.

FABRICE.

Soit ; dût-il n'éprouver qu'un certain embarras,
Ce serait encor trop. Il ne sied pas, ma chère,
Qu'un fils, en aucun sens, ait barres sur son père ;
Et quand je rentrerai sous mon vrai nom, il faut
Qu'il puisse m'accorder mon pardon le front haut.
Comprends-tu ?

CÉLIE.

Je comprends.

FABRICE, à Horace.

Tiens prête une voiture
Avec tout ce qu'il faut en pareille aventure.

HORACE.

La belle a consenti ?

FABRICE.

Pas encor : seulement
Elle a tout préparé pour son consentement.
Je vais donner l'assaut et soigner la manœuvre ;
Mais j'ai besoin de vous pour achever mon œuvre.

HORACE.

A quoi sommes-nous bons ?

FABRICE.

A m'enseigner mon jeu :
Je fais l'amant candide ; or je le suis fort peu,
Et ma mémoire à qui vainement je m'adresse
Ne fournit pas un mot de naïve tendresse.
— Un silence rêveur m'a tantôt secouru ;
Ce que je n'ai pas dit, aisément on l'a cru :

Mais pour qu'à ma parole aussi l'on puisse croire,
Je viens à vos amours rajeunir ma mémoire.
Allons, bel amoureux, montre-moi de quel ton
L'amour s'exprime avant d'avoir barbe au menton.

HORACE.

C'est très-embarrassant, mon cher.

FABRICE.

Quelle corvée !
Dis ce que tu disais avant mon arrivée.

HORACE.

Je disais.... que l'amour de mystère a besoin
Et qu'à l'effaroucher il suffit d'un témoin.

FABRICE.

Est-ce que j'en suis un? Est-ce que je fais nombre?
Pourquoi vous gêner plus pour moi que pour votre ombre?

CÉLIE.

Mon ombre, en pareil cas, me gênerait, je croi,
Si, pendant que je parle, elle était devant moi.

HORACE.

C'est vrai. — Te souvient-il de la chère avenue
Où ton âme me fut tout entière connue?

A Fabrice.

Marchant vers le soleil, je lui parlais d'amour;
Nos ombres nous suivaient, quand un fatal détour
Les mit devant nos yeux... au moment, ma Célie,
Où tu disais le mot qui pour jamais nous lie.
Fût-ce l'ombre ou l'aveu qui rompit l'entretien?
Nous rentrâmes chez nous sans plus ajouter rien.

CÉLIE.

Oui, mais le doux silence et les douces pensées!

Nos âmes se taisaient, de quel bonheur pressées!
Te souvient-il encor de la beauté des cieux
Et comme autour de nous tout souriait aux yeux?
— Ah! c'est nous qui riions à la nature entière
Et nos cœurs qui versaient aux cieux tant de lumière.

HORACE.

Que le chemin fut court qui ramenait chez nous!

CÉLIE.

En arrivant au seuil tu tombas à genoux,
Tu me baisas la main sans dire une parole,
Et du côté des champs tu pris ta course folle.

HORACE.

J'avais peur de trouver quelqu'un qui m'eût parlé,
Et je passai là la nuit sous le ciel étoilé,
Ivre et me répétant sans relâche à moi-même
Ces mots qui m'enivraient : Cher Horace, je t'aime!

CÉLIE.

Cher Horace, je t'aime et t'en donne ma foi,
Je n'ai jamais aimé ni n'aimerai que toi.
Je t'appartiens depuis l'enfance, et mon envie
Est de t'appartenir jusqu'au bout de la vie.

HORACE.

Dès l'enfance! à jamais! Le passé, l'avenir,
Nous avons tout commun, espoir et souvenir!

FABRICE.

Ah! maudite à jamais soit la première femme
Qui de ce droit chemin a détourné mon âme!
Maudit soit le premier baiser qui m'a séduit,
Maudit tout ce qui m'a loin du bonheur conduit!

CÉLIE.

Mon frère !

FABRICE.

Ma blessure ancienne s'est rouverte
Plus profonde en voyant la grandeur de ma perte,
Et ma haine s'allume, au lieu de mon mépris,
Au spectacle du bien que ces femmes m'ont pris.
C'est trop peu du dédain, il faut de la vengeance
Contre cette impudique et venimeuse engeance.
Sans elles, Dieu puissant ! il me serait connu
Le pur ravissement d'un amour ingénu ;
Ma jeunesse au soleil se fût épanouie,
Par un hymen fécond doucement réjouie ;
Enfin, peu soucieux de la fuite du temps,
J'attendrais la vieillesse entre de beaux enfants,
Et je pardonnerais sans peine aux jours rapides
Qui, grandissant mes fils, m'ajouteraient des rides.
—Ce bonheur, je ne peux en jouir que par vous,
Enfants, mais le spectacle encor m'en sera doux !

HORACE.

Pauvre ami !

FABRICE.

Chut ! On vient... C'est cette créature.

A Horace.

Laissez-nous seuls... Et toi, prépare la voiture.
Par où sors-tu ?

HORACE.

Parbleu ! par où je suis entré...
Cette maison n'a pas une porte à mon gré.

Il sort par le balcon.

5.

SCÈNE III.

FABRICE, CLORINDE.

FABRICE, à part.

Allons, cœur ulcéré, tais-toi !

CLORINDE.

Je tiens parole,

Et me voici, seigneur.

FABRICE.

Merci ! Mais le temps vole,
Les instants sont comptés ; une heure de retard
Rive votre existence à celle d'un vieillard.
— M'aimez-vous ?

CLORINDE.

Mais, seigneur...

FABRICE.

Tu m'aimes ! j'en atteste
Le trouble que je lis dans ton regard céleste !
A quoi bon les combats et les vaines pudeurs ?
L'amour a d'un seul coup foudroyé nos deux cœurs !

CLORINDE.

Que croirez-vous de moi ?

FABRICE.

Quel penser t'importune ?
Quand tu quittes pour moi, sans nom et sans fortune,
Les splendeurs d'un hymen opulent ?...

CLORINDE.

Je trahis
Tout ce qu'un autre en moi d'espérance avait mis !

FABRICE.

Je ne trahis donc rien, moi qui trahis mon hôte ?
Va, nous sommes égaux dans l'amour et la faute.

CLORINDE.

Comment dire au plus doux des hommes, au meilleur...?

FABRICE.

Crois-tu donc que je veuille affronter sa douleur ?
Non ! — Qu'un départ secret de ses pleurs nous délivre !

Monte-Prade paraît au fond.

CLORINDE, à part.

Haut.

Enfin ! Fuir !

FABRICE.

M'aimez-vous assez pour m'oser suivre ?
Je suis pauvre et vous offre un destin peu tentant.

CLORINDE.

Partons quand vous voudrez, je vous aime.

FABRICE.

A l'instant !

Ils se retournent et aperçoivent Monte-Prade sur la porte.

SCÈNE IV.

FABRICE, MONTE-PRADE, CLORINDE.

FABRICE, à part.

Comment faire à présent ?

MONTE-PRADE, à Clorinde.

Ah ! tu baisses la tête,
Infâme, et ta fortune a peur que je l'arrête...

Je n'aurais en effet, et c'est là ton effroi,
Qu'un seul mot à jeter entre cet homme et toi !
Mais j'aime mieux couvrir ta double perfidie
Du pardon méprisant que ton regard mendie.

A Fabrice

Emmenez-le, seigneur, en toute liberté,
Emmenez-le cet ange épris de pauvreté ;
Cœur désintéressé, loyal, tendre et fidèle :
Elle est digne de vous, comme vous digne d'elle !

FABRICE, entraînant Clorinde.

Partons vite, madame.

MONTE-PRADE.

Eh bien ! non. — Apprenez,
Monseigneur, qu'elle sait qui vous êtes.

FABRICE, à Clorinde.

Venez.

MONTE-PRADE.

Mais, marquis d'Aransberg, prince du Saint-Empire,
Madame vous connaît.

CLORINDE.

Quoi ? que voulez-vous dire ?

FABRICE.

Qui m'a trahi ?

CLORINDE.

Trahi ! C'est donc la vérité ?
Vous me trompiez, seigneur, parlant de pauvreté ?...

FABRICE, à Monte-Prade.

Ah ! son étonnement prouve son innocence,
Et votre jalousie a manqué sa vengeance.

MONTE-PRADE.

Mais pauvre dupe, elle a... je vois dans son corset
La lettre de mon fils qui dit votre secret.

FABRICE, à part.

Haut.

Maladroite! De qui, madame, est cette lettre?

CLORINDE, la lui donnant.

D'un oncle à moi. Lisez, vous en êtes le maître ;
Mais je vais juger là si vous m'aimez ou non.

Fabrice brûle la lettre à la bougie.

MONTE-PRADE.

Sang-Dieu! J'ai donc menti?—Vous m'en rendrez raison!

FABRICE.

A vos ordres, monsieur ; demain.

MONTE-PRADE.

Non pas! sur l'heure!
Vous ne sortirez pas! Il faut qu'un de nous meure!

FABRICE.

Demain, vous dis-je.

MONTE-PRADE.

Ah! traître à l'hospitalité!
Ta lâche trahison cherche l'impunité!
Demain? Et cette nuit, fuyant avec ta proie...
Tu ne jouiras pas, moi vivant, de ta joie!
Flamberge au vent, monsieur !

Il dégaine.

FABRICE, reculant.

Je ne puis consentir...

MONTE-PRADE.

Ton fer tient au fourreau? Je l'en ferai sortir!

Il fait le geste de le souffleter avec son épée.

FABRICE.

Mon père!

MONTE-PRADE.

Quoi?...

FABRICE, arrachant sa perruque.

Le mot est dit : je suis Fabrice.

MONTE-PRADE.

Mon fils!

Jetant son épée et cachant son visage de ses mains.

Devant mon fils faut-il que je rougisse!

FABRICE, mettant un genou en terre.

C'est à moi de rentrer céans avec rougeur.
Pourrez-vous pardonner à l'ingrat voyageur?

MONTE-PRADE.

Vous revenez, mon fils, comme le bon génie
Pour sauver notre nom de cette ignominie.
Quel que soit le moyen, vous avez réussi ;
Vous avez démasqué cette infâme : merci!

Il lui tend la main et le relève.

CLORINDE.

Infâme!... En vérité, qu'ai-je fait? Quelle preuve
De ma perversité vous fournit cette épreuve?
Cherchez donc, je vous prie, avant de me honnir,
Quelle autre mieux que moi l'aurait pu soutenir?
Quoi! d'honneur altérée et lasse de scandale,
Je résigne mon cœur à l'amour filiale ;
Et, payant parmi vous ma place d'un tel prix,
Je ne récolte encor qu'insulte et que mépris!...
Un jeune homme paraît, d'assez haute naissance,
Pour imposer son choix, même à la médisance.

Il m'offre un rang splendide en me rendant l'honneur,
Et vous vous étonnez que j'accepte, seigneur?

A Fabrice.

— Quelle vertu devait me défendre du piége?
Pour me donner à vous quel nœud sacré rompais-je?
Enfin, ce que j'ai fait, ce dernier mot suffit,
Votre père voulait que votre sœur le fît.

FABRICE.

Vous, mon père?

MONTE-PRADE.

Il est vrai, mon fils, et j'en ai honte.

CLORINDE.

Votre indignation a donc été trop prompte;
C'est ce que je voulais vous prouver, cher seigneur,
En cédant près de vous ma place à mon vainqueur.

A Fabrice.

Pour vous, monsieur, souffrez que je vous félicite
De votre fourberie et de sa réussite ;
Vous avez des talents pour aller à vos fins,
Qui feraient des jaloux parmi les aigrefins.
Eh bien! vous m'écoutez tous deux la tête basse,
Et c'est moi qui m'en vais le front haut, moi qu'on chasse,
Moi pour qui l'on n'a pas de mots trop outrageants!
Allons! relevez donc les yeux, honnêtes gens!
Ayez à vos vertus l'air de trouver des charmes.

FABRICE.

Certe, en vous combattant avec vos propres armes,
Je me suis abaissé jusqu'à vous, en effet ;
Mais il fallait sauver mon père, et je l'ai fait.

CLORINDE.

Le sauver? Et de quoi? Du bonheur, je suppose?

Car il ne semblait pas menacé d'autre chose.
Je savais quels devoirs m'imposait son hymen ;
Contente de mon sort et bénissant la main
Qui rendait au bercail la brebis égarée,
A l'humble dévoûment je m'étais préprarée,
Et je n'envisageais dans mon nouvel état
Nul sacrifice auquel mon cœur ne se prêtât.
Il allait être heureux, vous dis-je. Mais sans doute
Votre retour lui va rendre ce qu'il lui coûte,
Et vous remplacerez la douce illusion
Qui dorait ses vieux jours comme un dernier rayon.

                    FABRICE.

Oui, je vous rends, mon père, un douloureux service,
Et vous en porterez longtemps la cicatrice ;
Mais quelque chose passe avant notre bonheur ;
Vous me l'avez appris jadis : c'est notre honneur.

                MONTE-PRADE.

Dans quel rôle, mon fils, doit-on plutôt vous croire ?
Disiez-vous pas tantôt, si j'ai bonne mémoire,
Que le meilleur garant de l'honneur d'un mari,
C'était le repentir d'un cœur endolori ?

                    FABRICE.

Est-ce donc à vos yeux un repentir sincère
Qui n'a pas su tenir contre une surenchère ?

                  CLORINDE.

La surenchère était trop forte, encore un coup,
Monsieur, pour que l'épreuve ait prouvé rien du tout.

                    FABRICE.

Entre mon père et moi c'est enfin trop vous mettre,
Sortez !

CLORINDE.

Vous croyez-vous céans déjà le maître?
C'est trop d'empressement! Monsieur est encor vert;
L'héritage est sauvé, mais il n'est pas ouvert.

FABRICE.

Madame!

CLORINDE.

Vous venez de loin pour le défendre;
Je ne vous en veux pas et m'y devais attendre.

FABRICE.

Vous perdez votre temps; mon père me connaît.

CLORINDE.

Qui vous ramène donc, si ce n'est l'intérêt?

A Monte-Prade.

Après dix ans d'oubli, dix ans d'ingratitude,
Il s'avise un beau jour de votre solitude...

FABRICE.

Mon père, ordonnez-lui de quitter la maison!

CLORINDE.

Vous craignez que je n'aie à la fin trop raison?
Et certe, après l'avoir réduit, l'homme rigide,
A mettre une étrangère en votre place vide,
De quel droit venez-vous, déshonorant son choix,
Lui dépeupler le cœur pour la seconde fois?

FABRICE, à Monte-Prade.

Vous ne répondez rien? Son astuce l'emporte?
Voyons! d'elle ou de moi, qui voulez-vous qui sorte?

MONTE-PRADE, après un silence.

Tous deux.

Il sort lentement.

SCÈNE V.

CLORINDE, FABRICE.

CLORINDE.

Mes compliments. Je le crois bien guéri...
Et vous? Quand croyez-vous qu'il sera mon mari?

FABRICE.

Tenez, le persiflage est au moins inutile,
Et croyez-moi, laissez ma colère tranquille.

CLORINDE.

Offrez-moi donc le bras jusqu'au prochain couvent.
Je me sens tout à coup un repentir fervent,
Et je veux dans un cloître ensevelir vivante
Votre très-dévouée et très-humble servante.

FABRICE.

Et vous attendrez là qu'il vienne vous chercher?

CLORINDE.

Tel est mon plan, cher prince, à ne vous rien cacher.

FABRICE.

Vous êtes, je l'avoue, une fine commère.

CLORINDE.

Assez pour remplacer madame votre mère.

FABRICE.

Ma mère! Misérable!...

CLORINDE, étonnée.

Ah!

FABRICE.

Ma mère! Osez-vous

Parler de cette sainte autrement qu'à genoux,
Vous courtisane, vous menteuse, vous infâme!

CLORINDE.

Songez, en me parlant, que je suis une femme,
Seigneur.

FABRICE.

N'espérez pas vous couvrir de ce nom.
Vous une femme? Un lâche est-il un homme? Non...
Eh bien! je vous le dis : on doit le même outrage
Aux femmes sans pudeur qu'aux hommes sans courage,
Car le droit au respect, la première grandeur,
Pour nous c'est le courage et pour vous la pudeur.
La sainte dignité que vous avez salie,
Au lieu de l'invoquer, souhaitez qu'on l'oublie.
Vous seule, songez-y, mais pour pleurer sur vous,
O femme sans amour, sans enfants, sans époux;
Étrangère au milieu des tendresses humaines,
La glace de la mort est déjà dans vos veines,
Et quand vous descendrez au néant du cercueil,
Il ne s'éteindra rien en vous qu'un peu d'orgueil!
C'est votre châtiment! Aussi, je vous l'atteste,
Vous me feriez pitié, si vous n'étiez funeste...
Mais lorsque je vous vois, vos pareilles et vous,
Répandre vos poisons dans les cœurs les plus doux;
Quand surtout vous voulez, par d'odieuses trames,
Prendre dans nos maisons le rang d'honnêtes femmes,
A côté de nos sœurs lever vos fronts abjects,
Et comme notre amour nous voler nos respects!...
Tiens, va-t'en!

CLORINDE, à part.

Oh! j'ai peur!

FABRICE.

Va-t'en !

CLORINDE, à part.

Mon Dieu !

FABRICE.

                              Tu comptes
Sur le respect humain, la plus lâche des hontes !
Elle croit faire ici librement son métier ;
Me prendre impunément mon père et mon foyer,
Souiller la chambre austère où ma mère expirante...
Non !... Et puisque du ciel la justice est si lente,
Moi, je t'écraserai, vipère, en ton chemin !

Il fait un mouvement violent vers Clorinde, qui pousse un cri
et tombe à genoux.

Je m'en vais, pour ne pas déshonorer ma main.

Il sort par le fond ; Clorinde reste agenouillée.

SCÈNE VI.

ANNIBAL, CLORINDE

ANNIBAL.

Que fais-tu là ?

CLORINDE, se relevant.

                              C'est toi, toi qui m'as dégradée ;
C'est toi des dons du ciel qui m'as dépossédée ;
Qui m'as séché le cœur, qui m'as mise si bas,
Que je veux remonter et que je ne peux pas !
L'injure et le mépris où je me vois sujette,
O conseiller du mal, sur toi je les rejette !

Je te hais, te maudis, et je voudrais pouvoir
Te remplir de ma honte et de mon désespoir !

ANNIBAL.

Dis-moi du mal de moi, va ton train, ma mignonne !
Je n'en crois pas un mot, d'ailleurs, et te pardonne.

CLORINDE, à elle-même.

Pour la première fois devant lui j'ai tremblé...
Quelle ardeur dans ses yeux, et comme il m'a parlé !

ANNIBAL.

Qui ?

CLORINDE.

Fabrice.

ANNIBAL

Fabrice ?

CLORINDE.

Oui, ce prince.

ANNIBAL.

Ah ! tonnerre !
Le fils !... Dans tes filets tiens-tu toujours le père ?

CLORINDE.

Je vais tout rompre.

ANNIBAL.

Quoi ? rompre avec le barbon ?
Mais je te le défends, ma fille ! Il a du bon,
Quoique son cuisinier ménage trop l'épice.

CLORINDE.

Je veux me relever du mépris de Fabrice.

ANNIBAL.

Parbleu ! je te savais femme au sourcil hautain ;

Mais je n'aurais pas cru que ton orgueil te tînt
Jusqu'à sacrifier l'intérêt à la gloire.

CLORINDE.

Ce n'est pas seulement l'orgueil.

ANNIBAL.

Que faut-il croire?

CLORINDE.

Tout ce que tu voudras. Je ne sais où j'en suis,
Ni quel trouble m'émeut, ni quel instinct je suis.

ANNIBAL.

Le petit dieu d'amour t'aurait-il attrapée?

CLORINDE.

Quelle âme violente!... Il m'a presque frappée!

ANNIBAL.

Ah! tu l'aimes alors!... T'éprendre d'un brutal!
Ah! sotte! Ah! triple femme! O contre-temps fatal!
Encore un paradis perdu pour une pomme!

CLORINDE.

C'est la première fois que je rencontre un homme,
Un cœur impétueux sur qui je ne peux rien,
Un courage en un mot supérieur au mien!
Je me sens la plus faible et suis fière de l'être...
Étrange volupté de fléchir sous un maître!

ANNIBAL.

Cela ne manque pas en effet de ragoût.
Si tu l'aimes, il faut l'épouser, voilà tout!

CLORINDE.

L'épouser? Il me hait!

ANNIBAL.

Cela, c'est mon affaire;

Montrant son épée.

J'ai là la clef des cœurs.

CLORINDE.

Et qu'en prétends-tu faire ?

ANNIBAL.

Tiens, parbleu ! le contraindre à réparer ses torts,
Ou le tuer.

CLORINDE.

Tuer !

ANNIBAL.

Sans le moindre remords.

N'est-ce pas ton honneur et le mien que je venge ?
Ne t'a-t-il pas séduite... en te battant, pauvre ange !
Sois tranquille, d'ailleurs : il sera très-gentil
Entre une belle fille et ce vilain outil,
Surtout quand il saura qu'il s'adresse à l'élève,
A l'émule du grand Matapan de Genève.

CLORINDE.

Mais je ne l'aime pas... Non ! Et si je l'aimais,
Je voudrais, entends-tu, qu'il ne le sût jamais.

ANNIBAL.

La femme est, je l'avoue, un étrange problème.

CLORINDE.

Ah ! depuis un instant j'ai l'horreur de moi-même.

ANNIBAL.

Je la crois bonne à mettre à l'hôpital des fous.
En somme, que veux-tu, voyons ? Résumons-nous.

CLORINDE.

Emmène-moi... partons.

ANNIBAL.

Sans épouser personne ?

Après tout, je ne peux t'y forcer, ma mignonne,
Et je vois bien qu'il faut faire la part du feu ;
Mais je prétends tirer mon épingle du jeu.

CLORINDE.

Que médites-tu donc ?

ANNIBAL, avec dignité.

Rien que de malhonnête !
Tu me remercîras en retrouvant ta tête.
Pour le moment, écoute et retiens ta leçon :
Tu me connais ; tu sais que je suis bon garçon ;
Mais si tu me viens mettre un bâton dans la roue,
Au premier mot lâché par toi qui me déjoue,
J'applique à ton galant un vertueux soufflet,
Et je le tue après comme un simple poulet.
Est-ce compris ?

CLORINDE.

Mon Dieu ! qu'est-ce que tu prépares ?

ANNIBAL.

La mort de ton galant, si tu me contrecarres.
S'il te plaît mieux ainsi, je ne suis pas têtu,
Ma chère, et donnerais le choix pour un fêtu.
Il nous a ruinés, et moi, quand je me venge,
A la table des dieux il semble que je mange.

SCÈNE VII.

CLORINDE, ANNIBAL, FABRICE.

FABRICE.

Je vous cherchais, monsieur.

ANNIBAL.

Je vous en offre autant,

Et vous m'obligerez, monsieur, en m'écoutant.

Geste de condescendance de Fabrice.

Je vois que vous prenez, monsieur, notre alliance
Avec une froideur frisant la répugnance.

FABRICE.

Et cela vous surprend ?

ANNIBAL.

Non, monsieur; seulement
Votre père n'est pas de votre sentiment;
En sorte que l'hymen se pourrait bien conclure
Sans qu'on s'inquiétât de votre signature.

FABRICE, brusquement

C'est de quoi je venais vous parler.

ANNIBAL.

En douceur !
J'en causais tout à l'heure encore avec ma sœur.
Tel que vous me voyez, sous une rude écorce,
Je suis bon. La bonté va bien avec la force :
C'est sa grâce, on peut dire.

FABRICE.

Au fait, monsieur.

ANNIBAL.

Au fait ?
— Si nous disparaissions, seriez-vous satisfait ?

FABRICE.

Aurons-nous, par hasard, tous deux la même idée ?

ANNIBAL.

Ma sœur est à partir à peu près décidée ;
Mais elle est compromise et, de plus, les maris
Sont très-chers...

6

CLORINDE, indignée.

De l'argent !

ANNIBAL.

As-tu changé d'avis ?

Retroussant sa manche.

A ton aise... tu sais!

CLORINDE, à part.

O pauvre créature !
Me faudra-t-il encor subir cette torture !

FABRICE.

Bref, madame demande...

ANNIBAL.

Une dot.

FABRICE, à Clorinde.

Une dot ?
Fort bien ! je ne veux pas discuter sur le mot.
Je venais vous l'offrir.

CLORINDE, à part.

Oh ! comme il me méprise !

FABRICE.

Veuillez fixer le prix de votre marchandise.

ANNIBAL.

Elle est un peu timide et m'a passé pouvoir.

FABRICE.

Parlez.

ANNIBAL.

Mon Dieu, monsieur, on ne peut pas avoir
Un mari propre à moins de cinq mille pistoles.
Ils sont très-recherchés... Les femmes sont si folles !

FABRICE.

C'est bien, monsieur, je vais vous faire mon billet.

Il s'assied devant la table et écrit.

ANNIBAL, à part.

J'aurais pu pêcher plus sans rompre le filet.

CLORINDE, bas à Annibal.

Au nom de notre mère, au nom de notre enfance,
Permets-moi d'écarter ce calice !

ANNIBAL, bas à Clorinde.

Défense !

FABRICE, écrivant toujours.

Que dit-elle ?

ANNIBAL.

Que j'ai négligé le trousseau.

CLORINDE, à part.

Misérable !

FABRICE.

Combien est-ce ?

ANNIBAL.

Pour l'avoir beau,

Mille écus.

FABRICE, à Clorinde.

Est-ce assez, madame ?

ANNIBAL, à Clorinde.

Il faut répondre.

CLORINDE, d'une voix mourante.

Oui, seigneur.

FABRICE.

N'avez-vous sur moi plus rien à tondre ?

ANNIBAL.

Si vous voulez m'offrir un habit de gala
Pour la noce?...

FABRICE.

Combien ?

ANNIBAL.

Cent écus.

FABRICE, écrivant.

Les voilà.

Je ne peux pas payer trop cher votre retraite.
Vous pourrez, à Milan, présenter cette traite.
— Seulement il me faut un reçu pour guérir
Mon père.

ANNIBAL.

C'est trop juste et j'allais vous l'offrir.

FABRICE.

Un reçu constatant que moyennant finance...

ANNIBAL.

C'est compris. — Viens, mignonne, écrire ta quittance.

Il la prend par la main et la conduit à la table.

CLORINDE, à Fabrice, d'une voix sourde.

Tirez-vous bien l'épée?

FABRICE.

Oui !... C'est mon seul talent.

CLORINDE.

Vous avez le bon droit et vous êtes vaillant...
A la grâce de Dieu !

Elle arrache la traite des mains de Fabrice et la déchire.

FABRICE.

Que faites-vous, madame ?

CLORINDE.

Je déchire ma honte et rachète mon âme !
Rassurez-vous : j'étais décidée à partir,
Et ce qu'il vous vendait, c'était mon repentir !

A Annibal.

Fais ce que tu voudras maintenant, misérable !
Mais, s'il meurt, garde-toi de ta sœur !

ANNIBAL.

Adorable !

FABRICE.

Que veut dire ceci, monsieur ?

ANNIBAL.

Tout simplement
Qu'elle est folle de vous depuis une heure.

CLORINDE.

Il ment !
— Non ! C'est un sentiment plus humble qui m'éclaire,
Le seul qui de ma part ne puisse vous déplaire :
Le respect.

FABRICE, à part.

Pauvre fille !

ANNIBAL.

As-tu dit ta chanson ?

A Fabrice.

A nous deux ! Ce billet, c'était votre rançon :
Voulez-vous le récrire à mon nom ?

FABRICE.

Je t'admire,
Coquin !

6.

ANNIBAL.

Vous refusez? — Alors nous allons rire.
Il fait un clair de lune admirable.

FABRICE.

Sortons.

CLORINDE, avec effroi.

Restez, seigneur... Armez vos valets de bâtons...
C'est tout ce que mérite un pareil adversaire !

ANNIBAL.

Merci, mon cœur !

FABRICE.

Monsieur n'est pas très-exemplaire ;
Mais quoi ! je ne suis pas de ces fous exigeants
Qui ne veulent tuer que des honnêtes gens ;
Et même ç'a toujours été ma turlutaine
De me mettre en travers de ces Croque-mitaine.

CLORINDE.

Mais il possède un coup terrible !

FABRICE, gracieux.

Ah ! sacripant !
Tu me le montreras.

ANNIBAL, digne.

Le coup de Matapan.

FABRICE.

Ah bah !

ANNIBAL.

Ni plus ni moins. — Si vous voulez écrire ?

FABRICE.

Matapan de Genève?

ANNIBAL.

Oui.

FABRICE.

L'homme au nez de cire?

ANNIBAL.

Justement. Vous l'avez connu?

FABRICE.

Beaucoup, beaucoup!...

C'est moi qui l'ai tué.

ANNIBAL.

Hein?

FABRICE.

Sur son fameux coup.

ANNIBAL.

Quelle bourde! Allons donc, la botte est sans parade.

FABRICE.

Si c'est tout votre espoir, vous êtes bien malade.
En route!

ANNIBAL.

Permettez... Ne soyons pas si prompts;
Prouvez que vous savez la botte, et nous verrons.

FABRICE.

Je vais t'administrer la preuve sous l'aisselle,
Quand tu tendras le fer.

ANNIBAL, à part.

Il connaît la ficelle!

FABRICE.

Quand il vous plaira, drôle !

ANNIBAL, majestueux.

Et s'il ne me plaît plus ?

FABRICE.

Ah ! maroufle, voilà ton courage perclus !

ANNIBAL.

Non, monsieur ; mais ma sœur à vos jours s'intéresse
Et je n'ai pas sucé le lait d'une tigresse.

A Clorinde.

Filons !

FABRICE.

Je vous défends de la suivre, à présent.

ANNIBAL.

Vous me faites encor l'effet d'un bon plaisant,
Vous !—Ma sœur est à moi, monsieur, en fin de compte.

FABRICE.

Elle n'est plus à vous, n'étant plus à la honte.
— Faites-moi le plaisir de vider le plancher.

ANNIBAL.

Morbleu ! Vous le prenez d'un ton...

FABRICE.

Sans nous fâcher,
Si vous ne voulez pas qu'ici, mon camarade,
Je vous montre à mon tour des bottes sans parade.

ANNIBAL.

Vous ne protestez pas, madame ?

FABRICE.

Allons ! dehors !

ANNIBAL.

On y va! — Je vous laisse, ingrate, à vos remords.

Il sort.

SCÈNE VIII.

CLORINDE, FABRICE.

FABRICE.

En le chassant, j'ai fait selon vos vœux, je pense.

CLORINDE.

Vous m'estimez un peu... Voilà ma récompense.
Au milieu des hasards qui pourront m'outrager,
J'emporte au fond de moi la douceur de songer
Qu'il est un cœur au monde où je ne suis pas vile,
Et dans mes souvenirs j'ai du moins cet asile.

SCÈNE IX.

CLORINDE, FABRICE, HORACE, CÉLIE.

HORACE, bas à Fabrice.

Je viens de rencontrer son gentil compagnon,
Son paquet sous le bras. — Elle, part-elle ou non?

CLORINDE.

Oui, monsieur, je fais place à votre épithalame.

Elle va lentement jusqu'à la porte ; puis se tournant vers Fabrice :

Adieu!

FABRICE lui tend la main à demi, s'arrête et dit à Célie.

Donne la main à cette pauvre femme,
Ma sœur.

CÉLIE.

La main à qui, mon frère?

FABRICE.

Au repentir.

Célie tend la main à Clorinde qui la lui baise.

CLORINDE.

Et maintenant, adieu, seigneur, je puis partir !

Elle sort.

SCÈNE X.

CÉLIE, FABRICE, HORACE.

HORACE, à Fabrice.

A quoi penses-tu donc?

FABRICE.

Au seul amour sincère
Qu'il m'ait été donné de rencontrer sur terre.
Aimez-vous bien, enfants.

HORACE.

Sois tranquille.

SCÈNE XI.

LES MÊMES, MONTE-PRADE, très-pâle. — Fabrice
et Horace se découvrent.

MONTE-PRADE s'arrête devant Fabrice , et lui ouvrant les bras·

Mon fils !

— Où sont ces intrigants?

HORACE.

Cher oncle, ils sont partis.

Sur un signe de Fabrice, Célie et Horace entourent Monte-Prade
qui les serre dans ses bras.

FABRICE.

Que de petits-enfants notre maison fourmille !
Mon père, nous serons les vieux de la famille.

FIN.

PARIS. — IMPRIMERIE DE J. CLAYE, RUE SAINT-BENOIT, 7.